集體錯覺

COLLECTIVE ILLUSIONS

Conformity, Complicity, and the Science of WHY WE MAKE BAD DECISIONS.

爲什麼我們寧可欺騙自己，
也不敢跟別人不一樣？

陶德·羅斯——著　劉維人——譯

獻給帕里薩·魯哈尼（Parisa Rouhani）——我認識最一致的人。

CONTENTS

Part
Three

重拾我們的力量

真正的問題是，光明的未來是否真的那麼遙遠？
說不定光明的未來一直都在那裡，一直在我們的心中，在我們的身邊。
只是我們太過盲目軟弱，沒有把它挖出來。

——瓦茨拉夫．哈維爾（Václav Havel）

引言
榆樹谷的秘密

我們的想像，比現實更常傷害我們。

——塞內卡

美國紐約州伊頓鎮的某個郵局，矗立著一座假燈塔。郵局以前是加油站，改裝的時候把這座兩層樓高的建築物保留了下來，紅白相間的螺旋讓人想起舊時代理髮店的柱子。這座假燈塔位於紐約州的柔軟肚臍，一個只有幾千人的鄉下小鎮，大約一個世紀以前，它默默見證了一件你從未聽說過的關鍵民意調查。

一九二八年，雪城大學（Syracuse University）有一個叫作理查．山克（Richard Schanck）的博士生。他是日後社會心理學的開山鼻祖之一，當時剛剛搬到伊頓，想要研究每個個體如何形塑自己的觀點。他之所以選擇伊頓，是因為這裡規模很小、連結緊密、信仰虔誠，這裡沒有大都會的繁華生活，阡陌交通雞犬相聞。山克後來在一二八頁的博士論文中把這個小鎮稱為「榆樹谷」，它就像每個鄉下小鎮一樣，每個人都密切關注著每個人。這裡的八卦傳得很快，無論是張三的孩子放學路上偷摘了鄰居的蘋果，還是李四深夜回家的時候走得太急被樹根絆了一下，都不用多久就會傳遍整個小鎮。

榆樹谷的居民都知道，山克搬來這裡是為了研究他們的社會行為；但沒過多久，他們還是把這個大都會的學者跟他的妻子當成了自己人。山克夫妻在榆樹谷的三年中跟當地人打成一片，而且因為他們每個禮拜都上教堂，榆樹谷的人也邀請他們參加自己的洗禮、婚禮、葬禮，甚至邀到家裡來共進晚餐。

山克隨身帶著一個筆記本，觀察到什麼行為就記在本子上。他經常請教居民對於各種行為舉止的看法，尤其是布道者在講臺上提過的那些禁忌。舉例來說，他會問「洗禮必須全身浸到水中嗎？還是只要在身上灑水就可以？」「禮拜天可以去看戲嗎？」「可以用撲克牌玩紙牌遊戲嗎？」（榆樹谷都是清教徒，清教徒厭惡賭博之類的骯髒娛樂活動，而且JQK牌面上的封建圖案，讓人想起他們討厭的英國皇室）之類的問題。調查的結果相當一致，當他在公開場合問這些問題，絕大多數人都說不能用撲克牌玩遊戲，就算拿來打橋牌也不行。

不過山克光是第一年就發現，榆樹谷的村民全都說一套做一套。例如他們在公開場合都反對抽菸喝酒打牌，可是只要一回到家裡，就大大方方地跟其他成年人一起做這些事。山克覺得這種前後不一很有意思：為什麼在這個社區裡，大部分的人都會公然反對某些事情，私底下卻理所當然地做那些事情？

所以山克偷偷問他的那些新朋友，他們的行為到底是怎麼回事。山克的問題很有趣，它的答案不僅從此改變了人類對大眾輿論的看法，也讓我們決定出版這本書。

「你覺得鎮上大部分的人，對抽菸喝酒打橋牌的看法是怎樣啊？」

「大部分都會說，」村民回答，「這些事情罪大惡極吧。」[1]

根據山克的紀錄，百分之七十七的榆樹谷居民都認為用撲克牌來打牌沒有任何問題，但同時又相信鎮上大部分的人都對此深惡痛絕。[2]這些人顯然不知道，他們全都是沉默的多數。整個小鎮有四分之三的人都偷偷沉迷於某些「惡習」，就連年輕敢言、不斷在公開場合高呼浸信會基本教義的牧師法格森，私底下其實都是一個愛打橋牌、口風很緊的自由派。

其他宗教問題跟世俗問題也一樣，例如這個鎮該不該跟隔壁社區一起合辦一所新高中（結果村民討論的時候引發激烈衝突，甚至爆發鬥毆）。山克發現，榆樹谷

＊本書原文文獻、資料來源請參照網站，詳細請見 P303 QR code。

的村民在很多事情上都公開說一套，私底下相信另一套，而他認為背後的原因是，人們希望盡量在公開場合中表達出主流意見，藉此獲得這個社群的認可。但這又引出了另一個問題：這些文化規範不僅他們自己不喜歡，而且其實整個鎮大部分的人都不喜歡，既然如此為什麼還要在公共場合講？這個小鎮的人，究竟為什麼會這麼嚴重地誤解彼此？

山克調查之後發現，這些規範很可能都來自一位叫作紹特夫人的富有寡婦。紹特夫人的父親之前是法格森那個教堂的牧師，所以她認為自己應該維持整個教會的歷史與道德準則。另外，她也是該教會最大的金主，如果她不捐款，法格森的薪水大概就沒了。

紹特夫人用自己的鐵腕，牢牢掌握了一整個世代的村民。她強而有力地做出指示，決定了全村每一個人在公開場合的言行舉止。山克寫道，「紹特活力無限，經常公開表達立場。所以她的立場就變成了鎮上教會經常可以聽到的意見，許多村民都在沒有思考過有多少人接受的情況下，把紹特的立場當成了主流。」[3]

這位婆婆去世之後沒多久，村民的行為就開始改變。乍看之下死守基本教義的法格森牧師，某天晚上跟妻子一起參加橋牌派對，在公共場合玩撲克牌。消息一出，流言蜚語很快就傳遍了榆樹谷，而且讓人們開始質疑所謂的主流意見：畢竟如果連牧師都在打橋牌，那到底還有誰不打？他們開始討論，然後發現大家幾乎都在偷偷地打，接著立刻開始檢查其他每一道禁忌。榆樹谷的魔咒，就這樣被打破了。

理查．山克在研究結果中表示，榆樹谷的居民之所以會臣服於紹特夫人，其實只是因為誤以為她代表了大多數人的心聲。而這個案例告訴我們，即使在一個連結緊密的小鎮，人們彼此了解的程度，也很可能沒有自己以為的那麼高。山克的研究告訴我們，社會中只要有一小群很敢講話的人，人們對主流意見的印象，以及整個社會的行為，就很容易被扭曲；而且有時候甚至不需要一群人，只需要一個很敢講話的人就行了，畢竟榆樹谷就是這樣。而這項研究結果，就是這本書要討論的。

山克博士是最早研究「集體錯覺*」的學者之一。[4] 簡單來說，集體錯覺就是社會編織的謊言，當群體中大部分的人私底下都拒絕某個觀點，卻誤以為大部分人都接受，他們就會在公開場合附和這個觀點。有時候，這會讓每一個人都去做

* 學者過去一直把這個現象稱為多數無知（Pluralistic Ignorance），但我認為這個名字沒有抓到要點，而且令人誤解。我們之所以搞錯主流意見，並不是因為我們不知道大多數人的看法；而是因為我們誤以為自己知道。這不像是無知，比較像是錯覺，所以我叫它集體錯覺（Collective Illusion）。

「大家」希望他做的事，最後就都選擇了那些沒有人想要的結果。集體錯覺就是這麼可怕。

集體錯覺最有名的例子你一定聽過，那就是安徒生（Hans Christian Andersen）一八三七年出版的《國王的新衣》（*The Emperor's New Clothes*）：

> 兩個騙子唬了一個自負的國王，讓國王相信他們正在編織一件華服，這件衣服非常漂亮，但只有聰明的人才看得到。當然，沒有人想被當笨蛋，所以每個人都照著騙子的期待，說這件衣服有多漂亮。直到國王光著屁股，洋洋得意地穿過城市的時候，一個小男孩說出了真相，魔咒才被打破。[5]

當然，如果集體錯覺只會出現在童話裡，或者只會出現在宗教場合，那它就不值得寫成一本書了。但事實是，集體錯覺在當代社會無所不在，而且越來越危險。

現代人的常見誤解

先來問一個問題吧：下面有兩個標準，你會用哪一個標準，來衡量自己的人生

「是否成功」？

A根據自己的興趣跟才華，把自己在乎的事情做到最好。

B腰纏萬貫、頭銜閃亮、聞名遐邇。

選好了嗎？另外問你一下，你覺得大部分的人會選哪一個？

如果你選了A，而且覺得大多數人會選B，那麼你就中了集體錯覺。

這是我的智庫「個體機會中心」（Populace）在二〇一九年做的一項研究，我們訪問了五千二百多個美國人，看看大家對「成功」的定義是什麼，結果發現百分之九十七的人選了A，同時卻有百分之九十二認為大多數人會選B。

這項發現只是個例子，我們用了一些方法，找出人們在沒有社會壓力的情況下，對於事物的優先排序。結果發現大多數人都認為，成功的人生最重要的是培養良好人格、與人正確交往，以及接受教育；但同一群人卻說，大部分人都認為人生最重要的是財富、地位、權力這些可以跟人比較的東西。

就連人們對於名聲的看法也是一樣。我們請受訪者在七十六個選項中，選出人生最重要的東西，結果大部分的人都把「成名」排在最後一名，卻同時認為大部分人都會把「成名」放在第一名。

沒錯：大部分的美國人根本就不在乎名氣；但同時又認為其他人所做的一切都

是為了出名。[6]「個體機會中心」的民調給我們一個清楚的教訓：我們絕大多數人既想追求有目的、有意義的生活，卻又同時相信大多數人並不那麼重視這些東西；於是我們不斷去迎合想像中的社會期待，生活過得越來越扭曲。

除了人生成功的定義以外，「個體機會中心」發現，人們在很多其他地方也都有集體錯覺。我的組織在短短幾年之內就發現一大堆集體錯覺，這些錯覺影響我們的生活方式、影響我們對國家的期待、影響我們如何判斷其他人是否可信、甚至影響我們對於刑事審判、教育、健保這類體制的看法。我們發現，美國社會幾乎每一個重要領域，都看得到集體錯覺的影響。

這種研究不是只有「個體機會中心」在做。近年來學者發現，無論世界哪個角落，社會的哪個層面，都存在集體錯覺。從我們對戰爭與氣候變遷的看法，到我們的政治，集體幻覺無所不在。它影響性別的刻板印象、影響我們的心理健康、影響我們認為怎樣的身材才有魅力；它影響我們的道德行為、甚至影響我們去吃什麼食物。[7]

舉例來說，大部分美國人都希望公司能提供一些對生活有幫助的重要福利，例如彈性的工作安排、育兒津貼、親友員工價之類的東西；但同時也相信大多數人不重視這些福利。[8]所以這些人明明希望利用這些福利，實際上又不敢放手去用。

更糟的是，集體錯覺很容易放大既有的刻板印象。在中國，很多人都誤以為其他人很討厭日本，所以自己就在公開場合表達出嚴重的反日傾向。[9]在日本，很多男性都想休產假，但又以為大部分男性都不想休，所以就把填好的假單硬生生收了回去。[10]在加州，民主黨和共和黨的支持者，都把對方的立場想像得比實際更極端，於是自己為了對抗，就必須變得更極端，於是就實現了這個政治極化的自我預言。[11]在美國的學校，大部分校隊隊員都重視認真讀書，但又認為其他人根本不看重學業成績，所以自己想讀又不敢讀，成績一直好不起來，同時也強化了集體錯覺。[12]

集體錯覺的普及度跟影響力不斷快速增加，光是在過去的二十年裡，就已經逐漸成為現代社會的關鍵特徵。它的影響非常重大。舉個例子，政治圈的性別失衡非常嚴重，女性明明占美國人口的一半以上，女性政治人物卻非常稀少。對於這個問題，最常見的答案就是美國人有性別歧視，但其實這只能解釋一部分的現象，「個體機會中心」的民調發現，百分之七十九的受訪者同意「女性的能力和男性一樣可以成為優秀的美國總統」。[13]而事實上，無論是在地方選舉、州選舉，還是全國性選舉中，女性候選人的勝率也跟男性相同。[14]

但如果把問題改成「女性當選的可能性跟男性一樣嗎？」事情就完全不一樣。

因為候選人當選的可能性，本質上並不是取決於每個候選人的實力，而是取決於你認為其他人怎麼想。政治學家芮吉娜．貝特森（Regina Bateson）發現，大部分人其實都不在乎候選人是什麼性別，但只要看到候選人名單中有一個是白人男性，絕大多數就會相信這人最可能當選。這部分就是因為社會偏見。[15]因為美國的政治採取贏者全拿的規則，選民經常投給「能贏的人」，他們在投票時會想「我本身沒有性別歧視，但大部分人都有。要讓我支持的政黨獲勝，我還是只能投給白人男性」。你看，集體錯覺多可怕。你明明是這個星球上最平權的人，卻因為誤解了其他人，不知不覺地做出了很多強化性別歧視的行為。

而且這個問題不只是假設，它在二〇二〇年總統大選中真的發生影響。民調公司雪崩之視（Avalanche Insights）在民主黨全國代表大會之前的民調中，問受訪者如果明天就要選舉，你會選誰，最多人選的答案是喬．拜登（Joe Biden），其次伯尼．桑德斯（Bernie Sanders），第三名伊莉莎白．華倫（Elizabeth Warren）。但如果把問題換成「如果你有一根魔杖，揮一下就能讓某人成為美國總統，你會讓誰來當？」絕大多數受訪者都回答伊莉莎白．華倫。[16]

這種現象貝特森稱為「策略性歧視」（strategic discrimination），「它跟直接歧視不同，抱有直接歧視的人會對該候選人持有敵意；陷入策略性歧視的人卻是因為相信候選人的身分會讓其他人不願意捐款、不願意當她的志工、不願意投票給她，而放棄這位候選人。」而「在候選人能力相同的情況下，美國人相信白人男性比黑人女性和白人女性更容易當選，也比黑人男性更容易當選一些」。[17]

集體錯覺不是只會影響政治，而是幾乎影響了社會上所有重要事物的核心。隨便講一個你非常在乎的事情，然後說出你認為社會上大部分人對那件事的看法吧，我敢賭你想錯了。而且這種事到處都是。

集體錯覺的傷害，大到我們必須認真處理。但要能夠處理，我們就得先了解它是怎麼出現的。

每個人都彼此相連

你上完廁所後會洗手嗎？

一九八九年有人用這個問題，研究了五十九名在圖書館上廁所的大學女生，研究人員分成兩組，其中一組待在洗手間裡看了三十一位學生的行為；另一組躲起來，在受試者看不到的地方偷偷觀察了二十八位。最後發現，有人在旁邊看的那組，有百分之七十七的學生如廁之後洗手；研究者躲起來那組則只有百分之三十九。[18]

也許這個實驗聽起來很蠢，但它告訴我們集體錯覺可能是怎麼產生的。我們人類的社會性很強，光是知道身邊有人在看，我們的行為就會明顯改變。我們的基因，讓我們無論想不想要，都會下意識地滿足別人的期待，這就是社會科學家所謂的「從眾偏誤」（conformity bias）。

以二〇一六年的一項研究為例，研究人員一邊用功能性磁振造影（fMRI）掃描受試者的大腦活動，一邊讓受試者看各種不同食物的照片，從很有營養的青花菜到毫無營養的糖果，總共一百五十張，每看完一張就立刻以給分的方式，表達自己對那種食物的喜好程度，一分是最討厭，八分是最喜歡。

受試者評分之後，就會看到之前二百位受試者所打的平均分數，如果他的分數跟這些人一樣，螢幕上就會出現「同意」的字樣，如果分數不一樣，電腦就會算出他打的分數跟這些人差多少。等受試者看完這些回應之後，研究人員會請受試者再幫這些食物評一次分。

結果就跟你猜的一樣，受試者第二次的分數，變得跟其他人的平均分數更近，他們根據其他人的喜好，來改變自己的喜好。更有趣的是，受試者不只行為改變，大腦活動也改變了，當受試者看到其他人的偏好之後，他們腦中負責思考食物價值的腹內側前額葉皮質（ventromedial prefrontal cortex）所評斷的，就不再是那個食物有多健康，而是那個食物有多受歡迎。

而且受試者並不知道，所謂的「之前二百人的平均分數」完全是研究人員捏造的，只是為了要讓受試者以為自己面對一整群人而已。[19]這提醒我們一件重要的事：從眾偏誤根本不需要奠基於事實。更精確地說，我們只要相信其他人都喜歡某件事，大腦就會把我們推向那件事，即使我們搞錯了也一樣。

我們跟隨群眾的渴望，就跟無情的地心引力一樣是一種通則，我們只要活著就會下意識追隨這種渴望，而且幾乎無法避免。這種渴望並不在乎事實，所以我們不僅經常誤解別人的意思，還經常搞錯群眾的想法或期待。這種追隨主流群眾的偏誤，就是讓我們陷入集體錯覺的基本原理。

我自己在 COVID-19 期間就中過一次招。當時社群媒體正在瘋傳衛生紙會缺貨，所以我也出門搶購，跟很多人一樣把架上的衛生紙全都掃空。其實這時候北美的廠商都說原物料毫無短缺，但群眾依然衝出去囤積衛生紙，問題就是這麼爆發了。[20]

其實當時我也認為衛生紙應該不會缺貨，但還是陷入集體錯覺之中，以為大家都認為會缺貨。既然如此，我只好出門掃貨。當時有成千上萬的人都像我一樣，以為現在不買之後就買不到，全都爭先恐後地囤貨。這時候，錯覺就像滾雪球一樣越滾越大，我們掃貨的行為以及賣場空空如也的貨架，似乎都在證實衛生紙真的會短缺。最後，在大家意識到自己搞錯之前，錯覺變成了現實。

社會學有個關鍵原理可以精確描述這種集體錯覺現象。一九二八年，社會學家威廉．湯瑪斯（William Isaac Thomas）與妻子桃樂絲（Dorothy）共同提出了湯瑪斯定理（Thomas Theorem）：「只要人們都相信某件事為真，它就會真的生效」。[21]也就是說，只要我們都相信會用單腳跳的雀斑女孩是女巫，或者都相信疫情期間會買不到衛生紙，無論事情是否真如我們所想，我們的信念都會真正造成影響。

因為從眾偏誤的關係，我們的生活中充滿各種大大小小的集體錯覺，而且不會發現其他人也困在錯覺裡面。所以我們會不由自主地跟隨群眾，一不小心就把自己的個人判斷拋到九霄雲外，最後就像榆樹谷的居民一樣，一直不斷誤解彼此。

社群媒體剛出現的時候，臉書執行長馬克．祖克柏（Mark Zuckerberg）說這些新科技將改變世界，帶來前所未有的意見多元與言論自由。他在二〇一九年的演講中說，「過去的經驗告訴我一件事：只要讓每個人都能發言，弱勢族群就能獲得力量，社會也將越變越好。」[22]照這種邏輯，集體錯覺現在應該已經消失了，畢竟能夠發聲的人已經比過去多出很多。但我們都知道現實不是如此，打從普羅米修斯從眾神那裡盜火以來，新科技的出現總是伴隨著無法預期的後果。

目前集體錯覺不但沒有消失，反而在世界各地快速增強，而且臉書跟推特這類社群平臺剛好就是其中一項推手。在榆樹谷的時代，操弄人心是紹特夫人的專利，但現在只要條件到位，每個人都可以用智慧型手機做同樣的事。榆樹谷的居民是因為過去的宗教傳統跟當地的歷史，才搞錯其他人的看法。但當代的狀況不同，當代的社群媒體讓風向可以快速轉變，只要你有辦法捏造出不存在的「主流觀點」，即使一小群人也可以操弄整個社會。

榆樹谷的居民活在紹特夫人的陰影下，但現在推特上面就有一大堆紹特夫人，剩下的事就不用我說了。這些聲音很大的少數群體，讓我們懷疑了自己的判斷，甚至以為自己才是少數，因此不敢發聲只能默默承受。他們加劇了集體錯覺，並讓我們成為幫兇。

過去幾年來，集體錯覺遍布了整個美國，讓我們以為整個社會都壞掉了。我們好像中了邪一樣，開始時時刻刻懷疑自己，以為自己相信的一切都是錯的。以為整個社會的價值觀都在一夕之間改變，蟬翼為重，千鈞為輕，黃鐘毀棄，瓦釜雷鳴。於是，我們無所適從，無路可出，不知道誰才能夠信任。不禁懷疑究竟是世界瘋了，還是我瘋了，或者兩者都瘋了。這樣的環境讓美國陷入信任之戰，讓我們彼此懷疑，打造出各種精心設計的信仰要塞，讓我們無法幸福，讓國家無法昌盛。

目前世界各地都出現民主退潮，原因之一就是有很多問題無論用法律跟科技都無法解決，其中對自由社會造成最大傷害的問題，應該就是集體錯覺。因為自由社會要能夠正常運作，甚至要能蓬勃發展，社會中的人就必須接受相同的真相、擁有一些相同的價值觀，並且願意跟不同的觀點彼此交流。而集體錯覺會摧毀上面每一件事。

世界會搞成這樣就是我們害的。這是一個壞消息，也是一個好消息，因為這表示我們每個人都有能力改變，有些改變我們可以自己做，有些可以團結起來做。而最棒的一點是，雖然集體錯覺威力強大，但其實相當脆弱，因為它的存在仰賴謊言，只要拿到正確的工具，找到正確的道路，我們每個人都可以把它擊垮。

而我剛好認識導遊。

羅馬的教訓

西元一世紀，羅馬陸續出現好幾個自私墮落的皇帝，於是這個曾經以共和體制傲立於世的國度，變成了有名無實的獨裁國家。它的第一任皇帝即使稱不上瘋狂，也是非常專制，羅馬失去了法治，公民的食衣住行全都被統治者支配。光是說錯話就會失去生計，甚至失去腦袋，而且這種事天天發生。在這種環境下，羅馬公民陷入了自我審查，他們私底下照著自己的意志生活，但絕不在公開場合說出自己的想法。我猜西元一世紀的羅馬人，大概跟我們現在的感覺差不多。

這時候羅馬出現了一位偉大的政治家、劇作家、哲學家，他的名字叫作塞內卡（Seneca，又稱小塞內卡，Lucius Annaeus Seneca the Younger）。塞內卡出生於西元前四年，當時是第一任皇帝奧古斯都（Augustus）當政，後來先後目睹了提比略（Tiberius）的暴行、克勞狄（Claudius）的偏執、卡利古拉（Caligula）的變態，以及尼祿（Nero）的自戀。他知道這些傢伙都是童話裡的那個裸體國王。他雖然不能公然批評這些皇帝，但寫了很多劇本、散文，並經常公開演講，藉此提醒那些縱容、勾結、臣服於暴君的人。

塞內卡是個我會想要共進晚餐的歷史人物。這個人非常有趣，原因之一就是他處處充滿矛盾。他飽讀詩書，而且是全羅馬最有錢的人之一，但卻認為人們應該遠離物質慾望；他充滿智慧，但卻願意插手處理宮廷鬥爭；他是菁英階級，但卻不斷抨擊其他菁英物慾橫流；他認為效益至上，但卻認真研究人類的情感，並且感同身受。

塞內卡最有名的作品都在討論禁慾主義（Stoicism）。很多人以為禁慾主義只是希望我們堅定沉著、克制慾望，例如英語中的「堅忍」（stoic）就是指一個人陷入困境也不沮喪；但塞內卡的禁慾主義不止於此，它的層次更多、更為深刻、更加實際。

塞內卡跟其他禁慾主義者一樣，認為脫離痛苦的方法不是去追求物質生活，而是去處理內心。如果你想要過著幸福的生活，你不該壓抑情緒，反而應該思考自己該如何跟這些情緒互動，也就是他所謂的「自我形塑」（self-shaping）。[23]更重要的是，他認為我們擁有的權力和自主性，經常比我們自己以為的更多。

塞內卡認為，我們一旦屈服於恐懼、怨恨、嫉妒、慾望或者其他強烈的情緒，就很容易自我毀滅，那些羅馬皇帝不僅因此毀滅了自己，還毀滅了很多其他人的性命。[24]因此，他整理了一套實用的知識，以及一些可以立即上手的簡單秘訣，讓任何人在任何情況下都能掌握自己的情緒。他認為人們只要這樣做，就不會變成情緒的奴隸。

舉例來說，他認為如果你害怕失去財富，你乾脆就主動捨棄一些，這樣你就會發現錢明明變少了，你的生活還是一樣好。此外，他也提出了許多提升自我的技巧，例如不要因為情緒失控而譴責自己，而是每天睡覺之前回想一下，今天在哪些時刻陷入了憤怒或恐懼之類的負面情緒之中，因而無法好好掌控自己。接下來告訴自己，這些失控並不是你的錯，因為你現在了解自己是在怎樣的情況下失控的，下次再碰到類似的情況，你就更不容易中招。[25]

塞內卡的建議在近兩千年後依然有用。事實上，我就是希望大家用塞內卡的方法，去面對從眾偏誤跟集體錯覺。塞內卡說的是「情緒」，但我們即使換成「社會影響力」，依然完全適用。無論是情緒，還是與生俱來的社交天性，都會影響我們如何形塑自己。無論我們盲目臣服於任何一個的掌控，都會造成傷害、帶來危機。塞內卡只告訴我們如何馴服情緒，但我們可以用同樣的方式馴服社交天性。

我們無法擺脫體內的社交天性，但我們可以控制它。只要擁有正確的知識，找到正確的方法，我們就既不需要特立獨行，也不需要人云亦云。這本書就是希望給你一些有用的工具，讓你了解我們為什麼會從眾、會在哪些時候從眾、我們的從眾如何孕育出集體錯覺，以及如何面對社會影響力，如何掌控它而不要被它掌控。

本書分為三個部分：

你可能聽過英國財政大臣丹尼斯．希利（Denis Healy）的「掉坑第一定律」：如果你掉進了坑，就別再往下挖了。這個社會是一個巨大的坑，而人們彼此之間的系統性誤解，讓我們每個人手上都有一把鑰子。本書的第一部分「從眾陷阱」，就是要指出我們有多麼容易盲從，多麼容易跟隨集體錯覺，忘記停下來思考自己到底要什麼。我整理了三種陷阱，每一種都會讓我們做出自己不想要或不認同的決定，而且可能會傷害到別人。我們一旦認識這些陷阱，學到一些簡單的解決方法，就更能擺脫那些最糟糕的社會影響力。

當然，集體錯覺不會就這樣直接消失。所以本書第二部分「社會困境」會解釋，大腦的先天限制如何讓我們倒向集體錯覺。要真正知道怎麼應對集體錯覺，就得先知道它們是怎麼產生的，以及我們如何給予它們力量。我們是社會動物，天生就會模仿跟比較，這兩個特性讓我們很容易遵循過時的規範，並且誤以為那些講話很大聲的「紹特夫人」代表大多數人。讀完第二部分之後，您將獲得更多對抗集體錯覺所需的知識。

光看本書的前兩部分，您就能獲得因應集體錯覺的必備資訊。第三部分「重拾我們的力量」要討論的，則是整體社會可以怎麼面對這個問題。我將在這部分解釋，我們該怎麼做才能釜底抽薪，消滅世界上的集體錯覺。簡單來說，我們該做兩件事：讓我們的內心維持平靜，並且重建社會信任。這樣一來，整個社會就有一種免疫力，阻止集體錯覺繼續傳播，最後它就會逐漸成為歷史的塵埃。

這個時代讓人活得很累：有很多壓力要我們照著服從、保持沉默、如果想要被接納就最好不要說真話。但無論對誰而言，盲從都沒有任何好處，它只會讓我們自己和整個社會失去幸福，無法發揮潛能。我們之所以會盲從，是陷入了集體錯覺的陷阱，而本書就是要幫助你繞過這些陷阱，做出更明智的決定，建立更好的人際關係。本書希望讓你用自己的方式，把人生活得更有意義，希望讓你成功實現自己，甚至幫助每個人獲得更好的生活。

Part

One

從眾陷阱

一旦順從，就會跟著去做別人所做的事，因為他們也這樣做了。但盲目跟從會偷走靈魂中所有精細的神經與思考能力，並且變成了外在的樣貌和內心的空虛。

維吉尼亞・吳爾芙（Virginia Woolf）

Chapter 1 國王的新衣

相信自己。為自己思考、為自己行動、為自己發聲。好好作你自己。

——瑪法．柯林斯（Marva Collins）

二〇〇九年，溫提姆．麥凱比（Wenhtim Mccabe）因為鬱血性心衰竭而被送進當地醫院，醫生發現他的心臟和肺周圍堆積了大量液體。五年前，他的妻子克莉絲汀娜（Christina）捐出一個腎保住了提姆的命[1]，但如今提姆的身體卻開始排斥這個腎臟，而且心臟也出現問題。醫生只好幫他接上血液透析，然後等待新的腎臟到來。

於是提姆開始等。一直等、一直等。

提姆又高又壯，頂著一頭棕色的短髮，有著一個雙下巴，淺藍色的眼睛炯炯有神。講話的時候一絲不苟，紐約口音非常濃厚。他在病床上一直等，二〇一〇年年中某次洗腎的時候電話響了起來，提姆切到免持聽筒並且擠出微笑。電話的那邊是個推銷員，說他贏得了一趟「免費的巴哈馬旅遊」。

提姆喜歡戶外活動，生病之前經常帶著大兒子打棒球、踢足球、打籃球，「我只要一下班回家，就立刻跟兒子到外面打球，無論白天晚上。」但如今他無法再跟小兒子做一樣的事，他在接受《大西洋》（*The Atlantic*）訪問時表示，「我現在沒有力氣了。但孩子們不該被這些事情影響。有時候我想到這個就難過。」他在洗腎之後，生活品質掉到及格邊緣，很多事都不能做，稍微運動一下就立刻累垮。

提姆每天都在電話邊等待，希望電話的另一頭不是推銷員，而是「我們找到適合的腎了，過來吧！」提姆說：「每次電話響起，你都希望機會來了。但並沒有。」[2]

美國每年有十萬個美國人像提姆這樣等待腎臟，但捐贈者每年只有二萬一千人。[3]這些等待腎臟的病患，大約有四分之一會在一年內死亡。[4]而且如果你拿起等待名單，映入眼簾的畫面會更慘，你每天平均會看到十七個人在等待過程中死去，而且每九分鐘名單上就多一個人。[5]

這時候也許你認為，這只是因為需求遠超過供給而已；但之後你檢查了一下供給，發現將近五分之一的腎臟被丟掉了。[6]

這是怎麼回事？這樣的悲劇，是名單的設計缺陷，加上我們對他人選擇的想像共同造成的。當美國出現一顆腎臟，負責單位會先列出適合移植的患者名單，然後根據患者的登記順序，依序詢問名單上的人。也就是說，如果名單上的第一個人拒絕接受移植，第二個人就會被迫在沒有資訊的情況下，決定要不要接受那顆腎，而且幾乎沒有考慮時間。這種制度讓腎臟像是賣不出去的房子一樣，在名單上待得越久，看起來好像品質就越差。想像你是名單上第二十位，你聽到這顆腎已經被拒絕十九次，會不會懷疑它是因為狀態不好，才會被前面的人接連拒絕？在現實之中，有十分之一以上完全健康的腎臟就是因為這樣，在反覆拒絕之後被丟棄。[7]

那十九個人明明等著腎臟來救命，卻陷入了一種陷阱，我稱之為「模仿陷阱」（the copycat trap）。他們資訊不夠，所以直接假設前面的人都是深思熟慮之後拒絕了這顆腎臟，所以這顆腎臟一定有問題。也就是說，他們的判斷很可能不是因為那顆腎臟並不適用，只是因為腎臟移植的排隊機制缺陷，以及患者擔心移植到不合用的腎臟，因而過度小心而已。[8]

「模仿陷阱」比我們以為的更常見。例如路上如果有一間狀況很好的房子一直賣不出去，我們通常會認為這房子一定有問題：閣樓鬧鬼、地下室積水、結構年久失修之類。你在公共廁所排隊洗手的時候，如果某個水龍頭一直都是空的，你大概會像其他人一樣，認為那裡的水管堵住了。而如果你失業了，待業時間越久，找到新工作的機會就越低，因為雇主會想，之前的雇主沒把你搶走，一定是你有什麼問題。

當我們覺得資訊不夠可靠，或者自己判斷不夠可信的時候，就會開始根據別人的行為來作決定，陷入了「模仿陷阱」。我們的大腦會下意識地找資料「證實」我們看到的事情，尤其是在不夠確定的時候，只要某些人看起來好像比我們更有知識，我們就會不自覺跟隨他們。此外，我們永遠不可能完全確定自己的觀點和知識百分之百正確，這時候我們也會用模仿來填補空白。

人類很難完全擺脫模仿陷阱。原因之一，就是我們生來就希望確切掌握世界的面貌，我們在幼兒時期就會問「爐子燙不燙？」，而且不想自己找答案的時候，就會去問旁邊的大人。這種社會學習（social learning）無論在什麼年紀都非常有用，因為我們可以沿用別人的知識，不用什麼都從頭學起。此外還有一個原因：每個人都怕尷尬，即使我們看到國王沒穿衣服，如果講出來可能會很怪，我們就下意識不敢講。理解世界加上害怕尷尬，讓我們只要碰到不確定的事情，就開始放棄自己的知識跟判斷，轉而跟著「大家」一起走。[9]

我們其實跟雪雁或沙丁魚很像，情感和行為都與其他人緊密相連，很難撇開群眾獨自行動。而且如果某人看起來比我們更專業、更有影響力、更有名，我們就更容易跟著他走。想要直接對抗模仿陷阱，往往只是杯水車薪。而且除此之外，還有另一個傾向讓我們很容易陷入集體錯覺，那就是我們都很討厭從群眾裡被揪出來。

波哥大的小丑

你獨自坐在候診室填寫問卷，填到一半聞到了火燒煙味。你環顧四周，看到牆上的通風口散出縷縷灰煙。這時候你會怎麼做？大部分的人都會靠近通風口看看怎麼回事，然後抓起包包衝到櫃檯，告訴他們失火了吧？

但如果狀況是這樣呢？你跟好幾個人一起坐在候診室裡，每個人都在填寫問卷。你聞到火燒煙味，看到通風口露出縷縷灰煙，但其他人似乎完全不在意。有幾個人甚至伸出手來，不耐煩地揮走那些飄到面前的煙霧，然後繼續填問卷。

四分鐘之後，你的眼睛已經被煙霧燻出淚來，呼吸越來越急促，最後忍不住開始咳嗽。你問隔壁的傢伙有沒有被煙燻到，他卻只是聳了聳肩，然後繼續低頭填問卷。你不禁開始懷疑，「這，這怎麼回事？我瘋了嗎？」

一九六〇年代，社會心理學家約翰．達利（John Darley）和畢伯．拉丹（Bibb Latané）就對哥倫比亞大學的學生做了這個實驗。當然，那些跟受試者一起填問卷的人全都是演員，研究者要求他們無論如何都不要對煙霧做出反應。結果在第一種狀況下，有百分之七十五的學生站起來通報火警。在第二種狀況下，卻只剩百分之三十八。[10]為什麼會這樣？

簡單來說，因為我們都怕尷尬。如果做某件事可能會讓我們被嘲笑或被視為弱雞，我們的壓力就會升高，然後大腦中處理恐懼的部分就會開始掌握全局。[11]我們一旦陷入困惑或者無法信任自己，就會直接跟隨群眾，藉此緩解壓力。此外，跟著群眾走也讓我們更不需要為自己的決定負責，因此更能接受自己搞錯。我們只要注意到自己正在獨自決策，就會感到孤立無援，被責任壓得喘不過氣。所以無論我們的行動是對是錯，只要身邊有一大堆人，我們就會更安心。

一九九〇年代末，原本是數學系教授的哥倫比亞首都波哥大（Bogotá）市長安塔納斯．莫庫斯（Antanas Mockus）想到一個聰明的方法，利用我們怕尷尬的天性來解決社會問題。莫庫斯剛上任時，波哥大是全國交通事故死亡率最高的城市之一，光是從一九九一年至一九九五年間，摩托車車禍死亡人數就增加了百分之二十二。[12]此外，哥倫比亞的行人很愛闖紅燈，所以在一九九六至二〇〇〇年間，行人占市區車禍死亡人數的一半以上。[13]當時莫庫斯說波哥大的交通根本就是「一團混亂」，而且腐敗的交通警察讓問題雪上加霜。所以他決定整個從頭來過。他趕走十字路口的交通警察，換上二十個默劇小丑。

這些小丑打著領結，穿著色彩鮮豔的荒謬寬褲，看到乖乖過馬路的行人就不出聲音地為其鼓掌，看到闖紅燈的人就無聲地嘲笑。[14]他們還漫步在人車鼎沸的十字路口，取笑那些把保險桿跨到人行道上的汽車司機。他們頂著全白的小丑妝，用誇張的動作和強烈的表情提醒機車騎士戴緊安全帽，並且不要跨道蛇行。[15]他們讓整個路口都注意到那些違規的人，讓違規的人覺得很丟臉。莫庫斯認為每個人都不喜歡丟臉，所以這種方法應該會比讓警察開罰單，然後讓民眾各自去繳納更有效。[16]事實證明果然如此。

如果得在被小丑公然羞辱跟乖乖守交通規則中間選一個，絕大多數的波哥大市民都會寧願遵守規則。所以沒過多久，波哥大就把一批交通警察重新訓練成小丑，讓全城的小丑數量暴增到四百個。莫庫斯說「這些小丑既不能說話，手裡也沒有武器，完完全全地人畜無害」，但卻實現了過去無人能及的魔法：他們利用社會影響力，成功改變了當時隨處可見的危險行為。[17]莫庫斯用這些小丑和一些其他方案，改善了波哥大的交通安全，十年之後，波哥大的車禍死亡人數減少了五成以上。[18]

不過在此提醒一下，如果社會上的資訊比我們自己的看法更接近事實，那麼「模仿陷阱」就是好事。但很多時候，現實都並非如此。更糟的是，即使社會才是對的，我們也很容易誤解他人的意思。

大家都這樣做，怎麼可能錯？

二〇一〇年八月的某個下午，一臺小型螺旋槳飛機載著一名英國機師、一名空服員，以及十八位乘客，飛上剛果首都金夏沙上空的熾熱藍天，前往二五七公里外的班敦杜。這架班機是兩個城市之間的例行航班，中途會有停留。當飛機即將抵達班敦杜機場時，空服員聽到客艙尾端傳來奇怪的沙沙聲，便過去看了看。

結果她看到一隻活生生的鱷魚咧開大嘴對著她笑。

也許是因為驚慌失措，也許是為了警告機師，總之這位空服員衝向前方的駕駛艙，而她的行為嚇到了其中一位乘客，讓後者站了起來跟著她衝過去，接下來，其他乘客就一個接著一個全都擠到飛機前方。這讓整臺飛機變得頭重腳輕，機師無論怎麼挽救，都沒辦法把機頭拉起來。於是飛機就這樣一路下墜，撞進機場幾公里外的民宅裡。全機只有一位乘客倖免，剩下全都身亡。

至於那隻鱷魚，當然是活了下來。[19]

這場悲劇簡直就像是梅爾．布魯克斯（Mel Brooks）的電影，讓人實在好奇為什麼這些乘客會傻傻地跟著大家往駕駛艙走過去。答案是：群眾的行動很容易像雪球一樣越滾越大。空服員是因為被鱷魚嚇怕，第一個站起來的人則是看到空服員的動作，推斷後方一定發生了什麼恐怖的事情；但其他人呢？其他人只是跟著走而已。他們並不知道到底出了什麼問題，只是看到越來越多人衝向前方，而覺得自己必須跟著過去。他們認為既然大家都這麼做，應該是不會錯的，於是放下了自己的判斷而陷入盲從。

其實模仿別人的行為，往往可以讓我們保住性命，尤其在情況曖昧不明，或者必須瞬間作出決斷的時候更是如此。大部分的時候，用別人的行為來推斷事件的真相，都非常有效。如果你在鱈魚角衝浪，看到大家突然一個個接連逃回岸上，那你跟著這麼做也很正常，因為水裡很可能有大白鯊。這種時候做出這種假設非常合理，因為你眼前的資訊不足以探明真相，而且即使資訊足夠，你的大腦也無法即時處理。

而且很多時候，群眾都是對的。在長青益智節目《百萬大富翁》（*Who Wants to Be a Millionaire?*）裡，參賽者要連續回答很多選擇題，每答對一道就能獲得一筆特定獎金，如果全都答對，就能抱回百萬美元。如果參賽者卡住了，可以用好幾種方法求助，其中一種叫作「問觀眾」：請現場觀眾和電視機前的觀眾拿起手機，投出自己認為正確的答案。在百分之九十一的狀況下，得票最高的答案都是正解。[20]這種時候聽群眾的話真的沒錯。

不過這種狀況在現實生活中很少見，「群眾智慧」的前提，就是每個人要自己作出決定。只要人們可以看到其他人的選擇，就很可能會彼此模仿，而人們一旦開始模仿，就很容易一起變蠢，因為我們懷疑了自己的判斷，預設群眾才是對的，我們不再是獨立的個體，淪為了群體的一個成員。這時候如果我們沒有警覺，愚蠢的雪球甚至可能越滾越大，吞噬所有其他知識，只剩下一個共同的集體錯覺。

要讓模仿的雪球開始滾動，實在太簡單了。根據經濟學家阿比吉特·班納吉（Abhijit Banerjee）的模型，第一個人會根據自己的知識來判斷，第二個人也是，但從第三個人開始，就很容易不再判斷，而是直接跟隨前兩個人，而且如果前兩個人行為相同，第三個人就更容易照抄。[21]班納吉發現，對個體而言，放下自己的判斷，直接模仿他人行為，其實是很理性的，因為我們很難百分之百確定自己是對的。以之前的腎臟移植故事為例，每個等待移植的人都無法確定腎臟的品質沒有問題，即使眼前的資訊說它完全合用，看到其他人都往反方向走，你還是會忍不住懷疑。畢竟如果很多人都一起「搞錯」，我們很容易就猜想這是因為他們掌握了一些我們不知道的情報。

但雪球一旦開始滾動，就會變得非常危險。它可能很快就讓我們一起作出錯誤的決定，把一大批可以拯救性命的健康腎臟扔進垃圾桶裡。

附帶一提，沒有人能夠免疫「模仿陷阱」，無論你掌握多少知識都不行。

群眾瘋狂

早在一八四一年，蘇格蘭記者查爾斯・麥凱（Charles Mackay）就寫了一本討論模仿陷阱的書：《異常流行幻象與群眾瘋狂》（*Memoirs of Extraordinary Popular Delusions and the Madness of Crowds*）。他認為「人類跟動物一樣，總是集體思考，集體陷入瘋狂，然後才一個接著一個慢慢恢復理智」。[22]麥凱用著名的「鬱金香狂潮」來說明這個現象，在一六三四年，荷蘭的菁英階級相信只要自己沒種幾棵這種球莖，別人就會認為他是土包子。所以鬱金香明明沒有任何內在價值，「舉國上下的中產階級、商人、店主，甚至是中等收入的平民，依然爭先恐後地搶購。」[23]根據當代學者的研究，在一六三五年鬱金香狂潮攀至高峰時，「鬱金香球莖的平均價格超過同等重量的黃金。稀有品種更是昂貴，每顆球莖的售價往往超過今天的五萬美元。」[24]

過了一段時間，價格搖擺一陣之後然後下跌，「人們的信心開始崩解，每個商人都開始覺得朝不保夕。」巨大的鬱金香榮景變成了鬱金香蕭條，政府承認一時的繁榮只是瘋狂，宣布「狂潮高峰所簽訂的所有合約……應該全都視為無效」。[25]

好笑的是，麥凱寫了一本關於群眾瘋狂的書，不久之後卻陷入同樣的陷阱。《群眾瘋狂》出版幾年後，英國全新的鐵路系統吸引了許多投資人的目光，因為鐵路公司的預計獲利高達百分之十，一般的公司大約只有百分之四。就連許多重要知識分子，例如達爾文、彌爾、勃朗特姊妹，都紛紛購買鐵路公司的股票。麥凱這時候也大力支持，還打包票說鐵路系統的總長度將會遠超過十六萬公里。一八四七年，被公司雇來建造鐵路的工人，數量幾乎達到英軍人數的兩倍。

照理來說，這很可能又是一股投機泡沫，而且麥凱當時擁有的資訊完全足以理性判斷；但他沒有，他被熱血沖昏了頭，不斷在報紙上寫文擁護，就算鐵路公司的股價開始下跌，他還是繼續安撫讀者。麥凱對新科技、自由市場、經濟成長堅信不移，因而陷入群眾瘋狂的幻覺，看不到真相。鐵路網的大規模擴張的確像他寫的那樣「可以為國家和投資人帶來利潤」，[26]但實際建設的成本過高，鐵路股票的獲利只剩下百分之二點八，遠低於預計的百分之十。更糟的是，議會批准的鐵路長度遠低於預期，不是十六萬公里，而是一萬二千八百公里。於是成千上萬投資人的錢，就這樣付諸東流。[27]

鐵路狂潮結束三年之後，麥凱在一八四九年出了第二版的《群眾瘋狂》，他修訂了許多內容，卻絕口不提自己在鐵路狂潮犯蠢的糗事。即使事情過了好幾年，麥凱還是跟其他人一樣，不願意承認自己只要輕輕一推就會盲目地落入群眾瘋狂。

也許這種故事你已經聽過很多次，因為大部分的金融動盪都是這樣產生的。無論是非理性的股市暴漲（例如一九九〇年代的網路狂潮）還是快速的崩盤（例如二〇〇八年的房市危機），這些基於模仿的連鎖反應通常都會堆出一個巨大的泡沫，然後一夕破裂。不過有些連鎖反應可以持續更久，甚至變成某種新常態，種下更巨大的毀滅種子。瓶裝水就是一個例子。每天至少攝取二千毫升的水分，的確是有益健康；但近年來我們卻越來越喜歡購買那些晶瑩透亮的塑膠瓶裝水，甚至以為瓶子裡的水比過濾之後的自來水更乾淨、更安全。

瓶裝水狂熱始於一九九四年的美國。當時環保署發現，用來汲水的泵會讓汲出的井水含有大量的鉛，所以政府呼籲那些家裡有井的人，在把水泵換成不鏽鋼之前，暫時不要喝井水，改喝瓶裝水。[28]

但過了不久，開始有一堆人相信瓶裝水比過濾之後的自來水更安全，這種觀念最後甚至變成了社會共識。汽水公司與礦泉水公司看到這個天賜良機，立刻開始把天上掉下來的雨水加工一下，變成新品牌、新口味的瓶裝水，大做一本萬利的生意。如今全球前兩大瓶裝水的品牌價值都超過十億美元，瓶裝水已經從暫時解決井水問題的方法，變成了一飛沖天的大產業，到了二〇二六年，全球總產值預計高達四千億美元。[29]

所以瓶裝水真的更乾淨、更安全嗎？如果你住在密西根州弗林特市，那麼的確如此，因為二〇一五年發現那邊的自來水有毒。但弗林特是非常少見的例外，在美國，百分之九十九的自來水只要過濾完成，都可以直接喝；而且有很多瓶裝水，其實都只是過濾完成的自來水。[30]市面上的瓶裝水，有半數以上跟處理過的自來水差不多；百事可樂旗下的水菲娜（Aquafina）以及可口可樂旗下的達沙尼（Dasani），這兩個最大的瓶裝水品牌，也都是把底特律的水過濾之後裝瓶而已，但他們都以此牟取了暴利。[31]每次我們捨棄自來水，改喝瓶裝水的時候，都參與了這個巨大騙局。

但亂象可沒就此結束。二〇一九年，美國人喝的瓶裝水總共超過了一千六百億公升，比汽水還多。[32]即使只是在加油站或超市買的，最便宜的瓶裝水，一加侖（三點七八公升）的家庭號平均也要一點五美元，大約是自來水的二千倍。[33]而那些精挑細選的高級品，什麼日本叢雲高山的火山岩精心過濾，什麼天使淚滴萬中選一的，價格大概就從三杯五美元起跳。加拿大的 Aqua Deco 一瓶十二美元，夏威夷的 Kona Nigari 一瓶四百零二美元。至高無上的鑑賞極品 Acqua di Critallo Tributo a Modigliani 則是以二十四 K 金打造水瓶，一瓶特價六萬美元。[34]

瓶裝水就是當代的鬱金香狂潮。我們不僅投入天文數字的金錢去購買一個謊言，更在過程中嚴重傷害環境。生產瓶裝水所需的能量，是生產自來水的二千倍，而且光是在美國，就有七成的塑膠水瓶喝完之後直接變成垃圾，塞住我們的下水道、汙染了我們的土地。[35]大量的塑膠垃圾最後甚至集結為一個塑膠浮島，漂在加州與夏威夷之間的海面上，面積是德州的兩倍（譯註：超過臺灣的四十倍）。[36]

集體錯覺的成因之一，就是我們彼此之間的深層情感聯繫，所以我們總是輕易中招，而且極難擺脫，錯覺一旦開始擴散，就很容易像雪球那樣越滾越大，怎麼也阻止不了。

好棒棒，給你拍拍手？

社會學家尼古拉斯．克里斯塔基斯（Nicholas Christakis）一九九〇年代中期在芝加哥大學擔任安寧照護醫師的時候，遇到了一位失智症的女性患者。長年的照顧把患者的女兒搞得筋疲力盡，把患者的丈夫害得身心俱疲。有一天，患者丈夫的朋友打給克里斯塔基斯，說這位丈夫可能快要崩潰了，他老婆的疾病就像不斷擴散的黃昏陰影，已經壓得所有人喘不過氣。

這引起了克里斯塔基斯的注意。當時克里斯塔基斯剛好正在研究讓人死於心碎的「喪偶效應」（widower effect）：自古以來就有一種說法，認為摯愛的人去世之後，自己在一年內死亡的機率會增為兩倍。失智症患者的事件，讓克里斯塔基斯深入探討背後的機制，發現人類的情緒與行為都很容易變得和身邊的人相同，我們都是群體動物，和附近的人同行，和身邊的人同哭。

研究人員已經找出了社會影響潛意識的機制。克里斯塔基斯發現，如果某個人肥胖，這個人的親朋好友裡面就有百分之五十七的機率，出現一個人之後也變得肥胖；相反的，如果整群人都苗條，之後繼續保持苗條的機會也會高於平均。投票、抽菸、喝酒、離婚，以及捨己利人的行為，也全都物以類聚。[37]這表示我們的行為模式跟生活方式，很多時候都不是我們在蒐集資訊之後的理性選擇，而是模仿周圍環境的結果。[38]

而這樣的模仿浪潮，最後又讓我們掉回集體錯覺之中，被人輕易操弄，加重既有的刻版印象。

這種現象的有趣例子之一就是「罐頭拍手」（claque，源自法語的「拍手」）。根據古文獻學者瑪莉．法蘭西斯．吉爾斯（Mary Francis Gyles）的研究，那個逼塞內卡自殺的羅馬皇帝尼祿，是個非常沒自信的人，他喜歡唱歌、拉七弦琴（不是小提琴）、幻想自己是世界頂級的演員。所以他為了守住自信，就經常參加歌唱比賽，最後總是獲得冠軍，因為他是皇帝，而且無論去哪裡比賽，都隨身帶著一群人鼓掌叫好，看起來彷彿人見人愛。[39]

十六世紀，法國有個叫作尚．杜拉（Jean Daurat）的劇作家用這套伎倆為自己造勢。他把戲劇的門票免費送給一群「拍手黨」朋友，請他們來幫自己喝采。沒過多久，這種做法就開始流行起來，最後甚至變成當演員的入門磚。戲院或歌劇院經理會雇一整團假觀眾，分別演出不同的反應，「哭泣者」（pleureurs）負責哭，「大笑者」（rieurs）負責在適當的時機大笑，其他的「拍手者」則單純負責鼓掌。有時候他們甚至會找女生坐在前排，看到一半假裝暈倒，然後再找另一個男生過來攙扶。

一切都是設計好的效果。[40]

這種罐頭拍手的美妙之處，就是它會讓其他真正的觀眾跟著拍手。拍手黨非常了解我們的行為彼此深深相連，戲院裡無論有人打哈欠、大笑還是歡呼，都會引來其他人複製。只要一個人開始鼓掌，掌聲就會越滾越大。

我們的投票、我們的投資、我們選擇的衣著、用餐和學校，都逃不開模仿浪潮的影響。此外，模仿浪潮注定會帶來一種風險：它會讓我們以為這些行為都合理地符合自己的利益，不知道自己其實只是在模仿別人。

有時候，這些雪球跟浪潮就跟時尚一樣無傷大雅，但有時候它也會帶來瓶裝水的悲劇，甚至讓我們丟棄健康的腎臟害人喪命。以拒絕腎臟為例，事實上只有前兩個人是完全獨立思考的，我們卻以為有十九個人都合理拒絕；而且前兩個人拒絕的理由，甚至可能只是當天剛好沒有交通工具可以趕去開刀，卻被後面的人誤以為是什麼深思熟慮，從此一路複製下去。[41]集體錯覺不僅會影響你的選擇，還會連帶影響別人。

更麻煩的是，我們不光經常陷入集體錯覺，有時候還會不經意創造出這些錯覺。當我們跟著別人行動，尤其是第一個跟隨的時候，經常會引來其他人依樣畫葫蘆，最後搞得三人成虎。

裝模作樣的專家

我在讀博士的時候，有個同學邀我去參加夏季葡萄酒起士派對，我認真打扮一番，拿出一支自己最喜歡的酒：充滿葡萄柚風味的馬爾堡白蘇維翁。紫藤花盛開的香味在派對的花園中飄盪，噴泉的聲音在背後有如銀鈴，每個人都一邊開心地聊天，一邊品嘗裝飾華麗的葡萄酒和起士。這時候一個熟悉的聲音突然響起：「哈囉，我來了！」

「天啊，」我不禁想著，「又是這傢伙。」

這個叫作安布羅斯三世（對，他的姓氏後面有一個羅馬數字「三世」）的男子大搖大擺走了進來，一舉一動全都符合人們對常春藤盟校學生的所有負面刻板印象：穿著一套深藍色的訂做西裝，胸口插著一條乾淨的白色手帕，頸上繫著常戴的領結。全身上下的裝扮都在表示他出身名門，家財萬貫教養不凡。

沒過多久，安布羅斯就拿起雞尾酒叉敲敲酒杯，吸引眾人的關注。「大家好，請嘗嘗這款酒！」他滿心歡喜地宣布，「這是我家的朋友在索諾瑪酒莊種植的稀有品種。大家試飲的時候可以換一個新的杯子。」

安布羅斯緊盯著大家，我們只好去換杯子。然後他以誇張的動作，在每個人的杯中倒入少許紅寶石色澤的液體。「先不要喝，」他提醒，「先搖一搖酒杯，欣賞酒體在杯中漾出的條紋，然後聞一聞酒液。」

我逐一照做。

「好，現在喝一小口，但不要吞下去，讓酒液在口中旋轉。」這位品酒嚮導繼續指點。

「喔，」有人看向安布羅斯，露出欣喜的眼神，「好喝耶！」

但我啜了一口只覺得奇怪，喝起來根本不像酒，而是像醋。我忍不住望向其他人，每個人都認真地點頭讚賞。這怎麼回事？我的舌頭壞掉了嗎？難道我感冒了，影響了味覺？還是這種高雅的品味需要培養，不適合我這種鄉巴佬？

這時候有個教授來了，我在此將她稱為「史密斯博士」。班上同學都知道她是品酒高手，因為她在統計學課給我們出的作業，就是用一種稱為「多元迴歸分析」的方法，找出法國被低估得最嚴重的葡萄酒產區（你想知道答案的話，是朗格多克）。我很好奇她對這支酒會有什麼看法。

「老師，快過來！」安布羅斯喊道，過去給她倒了一些酒。「這是我特別帶來的酒款。」

史密斯博士啜了一小口，就立刻吐在派對的草地上，然後淡淡地說出五個字：

「這支酒壞了。」「壞了」（Corked）是品酒術語，意思是裝瓶的軟木塞發霉，混入2，3，6－三氯苯甲醚（2,3,6-trichloroanisole，TCA），喝起來就像是小狗全身淋濕，或者髒兮兮廁所的味道。[43]我在旁邊，努力忍住不笑。

會發生這種事，要嘛是我的同學味覺比我還遲鈍，要嘛就是他們都被安布羅斯的花言巧語唬住。在史密斯博士說出真相之前，每個人都一副聽得懂安布羅斯在說什麼的模樣。

我們很容易跟在那些「專家」的屁股後面。當一個小學六年級的學生說「世界快要完蛋了」，我們只會大笑，但如果一個博士或科學家說出同樣的話，我們可能就會開始擔心。[44]當訓練有素的氣象預報員說，今天你家附近有百分之七十五的機率出現雷雨，你出門前大概會帶件雨衣。

但安布羅斯的狀況沒這麼簡單。他從來沒說過自己是品酒專家，我們卻都誤以為他很懂酒。因為他從頭到腳一副貴公子樣，指甲剪得完美無缺，領結繫得恰到好處，一出場就吸引了所有人的關注。這種時候明明他不是什麼專家，你也很可能誤以為他是。[45]

我們為什麼會鬧這種笑話？因為我們通常無法真正了解一個人有多專業，所以會改用相關的特徵來判斷。安布羅斯穿著一身高級衣服，講著一副寄宿學校的口音，很懂品酒也不奇怪，這是科學家所謂的「聲望偏誤」（prestige bias）：家財萬貫、穿著入時、頭銜顯赫、相貌出眾的人，很容易讓人以為是專家，但其實這些屬性通常都跟專業程度無關。[46]很多人死忠支持生活品牌Goop，其實只是夢想著有一天能活得像創辦該公司的葛妮絲．派特洛（Gwyneth Paltrow）。

在各種屬性中，最容易騙到人的就是權威性。一九八四年有個實驗，一名年輕男子在路邊翻口袋，找不到零錢去投停車收費器，不久之後一個年紀較大的男子經過，請旁邊的路人掏幾枚零錢幫忙這個沒帶錢的傢伙。實驗結果顯示，年長男子的打扮會明顯影響路人照做的比例，當同一名年長男子打扮成街友，只有百分之四十五的路人會掏錢；打扮成穿著考究的商人，掏錢的比例增加到百分之五十；但如果穿著消防員的制服，百分之八十二的路人會乖乖照做。[47]

我們天生就會隨波逐流，服從權威或名人的傾向也根深柢固。甚至根本不用費心打扮成專家，光是拿出一些頭銜，就能引發聲望偏誤。研究人員在一九六六年做過實驗，找一個陌生的「醫師」打電話給護理師，要求他們沒有醫師處方的情況下，使用「明顯過量」的藥物，結果竟然有百分之九十五的護理師乖乖去拿藥。這表示光是自稱醫師，就可以影響別人的判斷，根本不需要證明自己到底是不是。[48]

這還不是最糟的。我們真的很不擅長辨別他人的專業程度，所以有時候連頭銜都不用搬出來，只要看起來自信滿滿，別人就會認為你真懂。我們很容易認為，一個人說話充滿自信的時候，表示他懂得比我們多。[49]十九世紀中葉，紐約有個叫作山謬．湯普森（Samuel Thompson）的男子，會穿著一身高級服飾接近上流社會人士，假裝自己認識他們，然後請對方借他一點錢或借他一下手錶。當然，湯普森一拿到東西之後，便就此消失。《紐約先驅報》（*New York Herald*）把湯普森稱為「自信滿滿的人」（confidence man），從此 confidence man 在英文中就變成了「騙子」的代名詞。[50]自古以來都是這樣，哪裡有太多自信，哪裡就有錯覺。

幸好，我們只要得知重要真相，例如酒壞了、鬱金香球莖不可能值五萬美元，通常就不會繼續模仿他人。但有時候，得知真相卻會適得其反。當我們投入太多感情，就會忘記原本想要什麼；而且如果真相會危及我們的聲譽，我們會更容易像查爾斯．麥凱那樣，盡可能蒙上眼睛摀住耳朵不去面對。這個陷阱非常容易觸發，而且一旦踩進去就很難逃脫。

航向拉普達

一九九六年，紐約大學物理學教授艾倫．索卡（Alan D. Sokal）在後現代研究期刊《社會文本》（*Social Text*）上發表了一篇論文〈跨越邊界：朝向量子重力的轉形詮釋學〉（*"Transgressing the Boundaries: Toward a Transformative Hermeneutics of Quantum Gravity" in the postmodern journal Social Text*）。根據論文摘要，你覺得這篇論文是在講什麼？

本文的目標，是藉由探究量子重力的最新發展，進一步地深析指出，海森堡的量子力學和愛因斯坦廣義相對論，如今已經被合成和取代。本文將指出，在物理學的這項新興分支中，時空流形不再是客觀的物理實體；幾何學變成了仰賴脈絡的相對關係；過去科學的基本概念已經變成可以質疑的相對性範疇，就連存在本身也不例外。我認為這種觀念革命，對於後現代的自由科學，具有深遠意義。[51]

如果你覺得這整段話只是用一堆意義不明的術語堆砌起來的胡扯，恭喜你猜對了。索卡教授瞎掰了一篇論文，投稿到《社會文本》期刊，六名編輯審查之後決定接受，當成嚴肅的學術著作放在該期刊的特刊。

然後索卡發文說整件事都是他設計的騙局。他之所以煞費苦心做這種事，是為了要證明很多學術界的人都會用故作高深的方式騙取名聲。強納森．斯威夫特（Jonathan Swift）在一七二六年的《格列佛遊記》（*Gulliver's Travels*）就諷刺過這種事情，故事中的天空之城拉普達，住著一群偏執的學者和理論家，整天只會研究一些脫離現實的沒用東西。

索卡跟斯威夫特一樣虛構了很多荒謬的東西來諷刺這種現象，他在論文中塞進許多解構主義的流行術語：「偶然的」（contingent）、「反霸權的」（counterhegemonic）、「知識論的」（epistemological）。事後他對《紐約時報》表示，「這篇文章是在刻意模仿某些學者胡亂引述數學與物理概念的行為。我把這些胡扯連在一起，然後發明一個說法去吹捧。整篇文章完全不需要符合任何知識標準，也不需要符合邏輯，所以超好寫的。」[52]

索卡一邊諷刺文化研究與文學批評期刊那種用字吹毛求疵的無聊文化，一邊用詰屈聱牙的高深術語來諷刺那些學界的派系鬥爭。學界彼此批判的時候很愛使用一些沒人看得懂的術語，經常搞到即使是同領域的學者，也看不懂作者在說什麼。

事件發生之後，《社會文本》高層發表了一篇相當酸的回應：「索卡博士認為我們是知識相對主義者，他搞錯了。」共同創立該期刊的紐約大學教授史丹利．阿諾維茲（Stanley Aronowitz）表示，「而且這是因為他書讀得太少，學的東西也不夠多」。[53]索卡看到回應反唇相稽，「光是《社會文本》接受這篇文章，就已經證實那些後現代文學理論家的傲慢，已經誇張到可以無視邏輯。難怪他們從來不去問物理學家，那些引述物理的文字有沒有意義。在他們的世界裡，無法理解變成了某種美德；典故、隱喻、雙關語取代了證據跟邏輯。我的文章只是提供了一個例子，證明了這個流派多年以來的作風。」[54]

學術界、法律界、醫學界這些白領人士，最容易被這種聲望連鎖反應所影響。當聲望決定一切，金字塔頂層的聲音就會過度放大，很多時候他們的說法可以廣傳，並不是因為說法有價值，而是因為其他人希望自己聽得懂他們在說什麼。[55]即使其他專業人士聽不懂，通常也都會為了守住自己的飯碗而默默跟隨。

扁桃體切除術就是個好例子。這種手術的效果欠缺科學根據，但因為「專業醫學意見」普遍認同，一度盛行了幾十年。在二十世紀最時興的時期，上百萬名兒童接受了扁桃體切除術，其中許多甚至因此受傷或死亡。直到某一天，醫學界才終於願意仔細檢查該手術的效果，然後很快就淘汰了它。[56]

當我們為了保障自身聲譽而服從權威時，我們會相信某一套既定的敘事，聽不進任何新資訊，所以很容易繼續以訛傳訛。這種時候，敘事的真假並不重要，因為在其他人眼中，我們這群附和的人都是專家，不太可能搞錯。

不過雖然以訛傳訛的效力很大，但它並非無懈可擊的高牆，反而更像一座疊疊樂。只要抽掉那根關鍵的木條，整座塔就會瞬間崩毀。

多問一句「為什麼？」

例如把腎臟直接丟掉的問題，其實就有解決的方法。

而且那個方法簡單到大家都沒想過，直到麻省理工學院的張娟娟提出來，大家才如夢初醒。張娟娟認為，只要排隊的人在拒絕腎臟的時候額外附上理由，問題就能改善。只要多加一句「我剛好要出門旅行」、「我得了重感冒」、「這顆腎的適合度不夠高」，排在你後面的人就能知道這顆腎的真實情況，做出更好的判斷；我們也就不會陷入集體錯覺，因而扔掉一堆可以用的腎臟。[57]這種方法不僅適用於腎臟移植問題，也適用於其他地方，很多時候只要多問一句「為什麼」，就不會跟著前人一起錯下去。當你問完為什麼，你就更能用自己的知識來判斷，不需要直接遵循別人的觀點。你就更能把自己的觀點跟別人的觀點融合，從中找出合理的資訊，作出自己的決定。

有人可能會擔心，問「為什麼」會帶來麻煩。沒錯，這句話問得很直，可能會讓人覺得冒犯；但有趣的是，人們其實喜歡分享自己的觀點，喜歡解釋自己為什麼會作出那樣的選擇。哈佛大學一項研究指出，即使是拿「你覺得可以墮胎嗎」這種非常敏感的問題請對方分享觀點，對方也會產生正面感受。光是彼此請教，就能讓我們更喜歡彼此。[58]

回想一下你最近跟家人朋友的談話，你們都聊了什麼？之後你感覺如何？根據統計，兩人聊天時，我們有百分之四十的對話都在分享自己的個人感受與個人經驗，對方也一樣。[59]而且只要兩個人都沒拿出手機，雙方都會感覺不錯，結束之後神清氣爽，覺得能跟人交流真好。

而且，談論自己所能帶來的滿足感，跟金錢、食物這些更客觀的獎勵所帶來的滿足感，其實是一樣的。這也難怪為什麼社群媒體的貼文，有百分之八十都跟個人意見或私下的體驗有關（承認現實吧，我們的意見通常一點也不重要）。科學家發現，我們的大腦喜歡分享個人資訊，每次分享趣事都會啟動腦中的獎賞系統（reward system），讓我們覺得愉悅。也就是說，我們向他人傾吐心聲並不是因為緊張或激動，而是因為喜歡這樣做。[60]

這種分享資訊的傾向是我們的本性，之前讓我們撐過了大自然的演化考驗，如今也讓臉書收益滿滿。它讓我們更容易建立關係、培養感情；並且促進了知識交流，讓我們得以學習彼此，甚至指揮彼此。[61]

總歸來說，多問一句「為什麼」不僅不會引發什麼問題，還能帶來一大堆好處。它能加深你與他人的聯繫，更能防止跟著別人一起錯下去。你一聽到對方在解釋理由時，開始說「事情就是這樣啊」、「因為大家都這麼做啊」，你就知道這個決定可能根本就沒什麼好理由，只是一種集體錯覺而已。一句簡單的「為什麼」，就能揭開行動與判斷背後的真相。

我們第一時間通常都會猜錯其他人行動的原因，當我們問過「為什麼」，我們就不會用這種假設來作決定。我們一旦聽到別人的理由，就能評估對方的狀況能不能套用到我們的價值觀跟優先順序，知道他們的意見能不能拿來參考。

總之，雖然我們應該仔細觀察其他人的行動與意見，但同時也得保持獨立思考，不能直接盲從，無論對方是一大群人還是我們眼中的權威人士都一樣。也許獨立思考很累，但這樣才能讓每一個人成為自己，才能讓社會正常運作、存續下去。

Chapter 2
謊言換來的認同

個體必須不斷掙扎，才能不被群體壓垮。

——弗里德里希・尼采（Friedrich Nietzsche）

在蓋亞那瓊斯城的南美叢林深處，有一個「人民聖殿」（People's Temple），這個村落裡離最近的飛機跑道有六公里，泥土路上輾著車痕。裡面住著一千名勞工階級的黑人，大部分都是女性，在魅力型教主吉姆・瓊斯（Jim Jones）的領導下，過著種族平等與蘇聯共產主義的生活。[1]村子中央有一座金屬屋頂的涼亭，孩子在這裡上學，村人在這裡集會。涼亭周圍是一排排果樹，一片片精心耕耘的農田。此外還有一個鋸木廠、一個藏書上萬冊的圖書館、一個掛有蚊帳的幼兒園。這裡的每個成員都捨棄了自己原本的工作與財產，前來瓊斯城建立這個共產主義烏托邦。

也許你還記得之後的發展：某些消息指出，該村有性暴力跟酷刑事件，於是一九七八年十一月，加州眾議員里奧·瑞恩（Leo Ryan）前往調查。這時候，充滿妄想的瓊斯「先知」對信徒說，瑞恩議員會為村子帶來暴力與毀滅，另一方面，村裡也有一些信徒想跟著瑞恩逃離這個「聖殿」。於是就在瑞恩前往飛機跑道準備離開時，被一群瓊斯的忠實信眾殺害。[2]回到村落之後，瓊斯告訴信徒瑞恩已遭處決，美國政府會立刻對瓊斯城展開報復，嚴懲村中的每一個人，刑求每一個老人和小孩。[3]如果不想被敵人凌虐，就得像之前的「白夜」儀式模擬的那樣集體自殺，帶著「尊嚴與榮譽」死去，對法西斯與種族歧視的暴力提出最沉痛的抗議。[4]

這種命令當然有人反對。其中有一個女性叫作克莉絲汀·米勒（Christine Miller），她一直為教派的各種活動慷慨解囊，後來更跟著教主前往瓊斯城。但她經常質疑教主的意見，而在聽到集體自殺的建議之後，她忍不住站起來問：「難道不能逃去蘇聯嗎？」

米勒顯然不想死，她提出了生命中最重要的一次反抗。她說那天跟著瑞恩叛逃的人其實很少，其他人根本不需要為此犧牲。此外她也引用瓊斯平常的布道，說：「只要還有生命，就有希望。」她跟許多信徒一樣，相信每個人和每個孩子都擁有無限潛力，瓊斯會解放這些潛力，讓他們成為更好的人。[5]

但無論米勒的說法有多合理，都跟其他上千人背道而馳，這些人不僅相信瓊斯的說法，認為死後會轉世重生，而且早已被瓊斯洗腦，願意一聲令下從容就死。[6]如果當時其他人加入米勒，也許她就能打破魔咒。可惜沒有人這麼做，而是把米勒的意見當成背叛的表現。瓊斯叫來警衛，用吆喝聲和支持者的大喊淹沒了米勒的反抗，一位信徒甚至對瓊斯說：「如果你說我們現在必須犧牲，我們已經準備好了。」[7]片刻之後，瓊斯叫信徒搬來「解藥」：幾桶羼入氰化物的水果酒，要求信徒勇敢就義。[8]孩子被推到隊伍的前方，在音樂、歡呼、掌聲中痛苦地呼喊死亡。

目前還不清楚有多少人自願喝下毒酒，又有多少人被迫灌下，有多少人被注射氰化物而死。但那天總共死了九百多人，站在最前方的米勒可能是第一批正面反抗的成人。[9]

克莉絲汀．米勒想救大家的命，但最後依然敗給了人性的兩項基本特徵：每個人都需要被自己的圈子認同，每個人都深深害怕被自己的圈子排斥。

我們是社會生物，無論走到哪裡都會因為跟他人聯繫而開心，我們喜歡跟家人、鄰居、網友、同事打好關係。但每個群體讓我們產生集體錯覺的能力並不相同，我們在意那些最親密的人，他們的一顰一笑都會影響到我們，他們是我們的內團體

（in-group）。這些人之所以成為我們的內團體，可能是因為跟我們有相同的宗教、政治立場、民族或家族血緣；可能因為是我們的同學或同事；也可能因為跟我們喜歡同一個樂團、球隊或者屬於同一個臉書群組。當我們被這些人接受，我們會覺得更快樂、更安全、更確定自己是誰、在這個世界上處於什麼位置。[10]

我們每天都在不斷努力維繫跟這些人的關係。我們從穿著打扮到公共行為，都在表達自己屬於哪些社群。我們不想顯得格格不入，所以會下意識地遵守每個團體的規範，根據所處的環境來調整當下的外表與行為。而當我們作出調整，我們同時也是在根據眼前團體可能具備的規範，去重塑我們眼中的自己。[11]

上述過程之所以能讓我們覺得安全舒服，跟我們渴望被同伴認同、情緒被同伴理解很有關係。所以團體之中一旦出現懷疑，團結的感覺一旦開始鬆動，我們當然就會陷入幻想。我們開始擔心其他人都活得很好，只有自己無法融入，甚至開始懷疑自己搞錯，開始誤解別人的意思。這種恐懼讓我們跟綿羊一樣乖順，而且助長了非我即敵的部落思維，讓我們願意為了守護自己的團體做出極為恐怖的事情。在某些情況下，這種部落思維甚至會混淆我們原本信仰的價值，逼我們相信一些自己根本不認同的事情，最後讓我們去傷害一些其實偷偷喜愛我們的人。我將其稱為「認同陷阱」（identity trap）。

瓊斯城的悲劇告訴我們，認同陷阱不僅會塑造集體錯覺，維繫這些錯覺，最後還可能毀掉整個群體。

非我族類其心必異

出生之後見到媽媽的一刻，對每個人的幸福都非常重要。如果嬰兒沒有跟照顧者建立親密聯繫，可能就「無法長大」，甚至會死亡。心理學發現的「依戀障礙」（attachment disorder）解釋了許多小時候被放棄的孤兒，為何往後會出現巨大的心理與行為問題。從演化的角度來看，渴望歸屬感的物種，會更容易彼此合作、彼此保護，更容易存續，更容易團結力量大，以群體而非個體的方式，有效搶奪自然界有限的資源。這樣的生存優勢，讓我們體內的神經化學演化出了一種彼此依賴的需求。[12]

我們一旦覺得與他人彼此相連，大腦就會釋放催產素（oxytocin），讓我們更愛這個群體裡的人，最明顯的就是我們的家人。催產素會讓我們認為，這個群體的利益比我們自己的利益更重要，而且應該在必要時刻保護這個群體不受外界威脅。二〇一五年的一項研究指出，服用催產素的受試者，比未服用的受試者更容易接受群體成員的錯誤觀點。研究人員認為「催產素讓我們對內團體更加偏心、願意為了保護他們而撒謊、願意為了保護他們的利益而付出高昂代價、願意遵從他們的偏好、願意為了保護他們而主動攻擊外敵」。[13]

簡單來說，催產素讓我們更可能服從、更可能暫時支持那些我們根本不認同的立場。這種快樂激素帶來的獎勵，讓我們很容易重視那些有利於自己人的行為；讓我們明明知道別人的認可相當脆弱或無關緊要，依然會費心去追求認可。催產素讓我們照著同伴的期待去做事情，藉此獲得認可或仰慕，一整天心曠神怡。

約翰．休斯（John Hughes）一九八五年的名片《早餐俱樂部》（*Breakfast Club*），描述團體認同與作出犧牲的方式相當好。影片一開始，五個完全不同的高中生來到學校，接受一整天的留校察看。進入百無聊賴的圖書館之後，老師叫他們寫一篇作文：「你覺得自己是誰」。

光在那個場景，影片就已經清楚刻劃了五位主角的個性：一個書呆子、一個運動員、一個瘋子、一個公主、一個小流氓。但後來在一連串有時好笑有時黑暗的交流過程中，每位主角都或多或少打破了這種刻板印象。運動員承認自己很脆弱、公主恨透自己的出身、瘋子敞開心胸跟別人交流、書呆子說最近其實想自殺，於是小流氓往他的褲子裡塞了一撮大麻。他們在關鍵時刻放下了自己，一起抽大麻，在煙霧彌漫的圖書館邊跳舞邊笑。然後他們決定成立「早餐俱樂部」，每週六都自願過來留校，並且一起寫了一篇文章挑釁處罰他們的老師：「我們認為，你叫我們寫這篇作文根本是腦袋有洞，因為你只會用最淺薄方便的定義來看待我們，根本就不在乎我們認為自己是誰。」[14]

我們美國文化很喜歡叫年輕人去「尋找自己」，藉此找到方法對社會作出獨特貢獻。我們認為個人動機、自信、獨立是成功與幸福的關鍵。但《早餐俱樂部》指出，我們的身分認同與個性背後，其實藏著一個有點醜陋的現實：「你是誰？」這個問題不是你可以獨自回答的，還得看你身處什麼群體。[15]

我們天生就會被那些觀點與信念相似的人吸引，尋找十八世紀道德哲學家亞當．斯密（Adam Smith）所說的「心靈的和諧」。[16] 跟觀點相同的人待在一起，會讓我們更認同彼此，更能彼此信任、合作、平等相待、提高生產力。擁有相同的現實，不僅讓我們產生相同的認知，更讓我們產生類似的感受與世界觀。這麼一來，我們的核心價值觀和對自己的看法就會更穩固，更能夠在生命中感受到意義和價值。我們的每項決定與互動，都反映著團體中其他成員的共同經歷，然後大腦就會分泌催產素，讓我們感到幸福。[17]

我們對自己的看法其實混雜了兩個東西：我們自己的特徵，以及我們對內團體的歸屬感。而且我們的自我認同跟社會認同，其實緊密交織到大腦根本無法分辨。如果我讓你躺進掃描儀，請你先談談自己，再談談你最親近的群體，你大腦活化的神經網絡是完全一樣的。[18]這可以解釋為什麼每個人都需要歸屬感——但這還不是歸屬感的全部。

當我們對某些觀點產生情感依附，即使還沒親身驗證過那項觀點，依然很容易陷入確認偏誤，開始用手邊的所有證據來證明該觀點。[19]內團體的既有觀點就會讓我們產生這種情感依附，當我們越覺得自己屬於該團體，就會越想去符合該團體在我們眼中所相信的理念；而且當我們投注了大量時間精力跟信仰，好不容易接受了該團體的觀點，開始用該團體來定義我們自己，我們更會奮力捍衛這個團體的世界觀。同時，我們也會對該團體以外的人更有敵意。[20]

神經科學證實，當我們發現內團體的敵人陷入困境，我們會覺得很爽。普林斯頓大學的研究者做過一項實驗，請波士頓紅襪隊與紐約洋基隊的狂熱球迷一邊看球賽，一邊接受功能性磁振造影（fMRI）掃描，結果發現，當受試者支持的球隊打得很好，受試者腦中的獎賞系統就會活化起來。但這不足為奇，真正有趣的是，受試者看到勁敵打得很差時，竟然也會產生同樣的神經反應。這告訴我們，我們被內團體接受之後，就會因為勁敵馬失前蹄而拍手叫好。[21]

但這還不是最麻煩的。有一件事的力量比渴望歸屬更強大，那就是我們害怕被排擠。我們的社會認同跟我們所屬的團體緊密相連，所以一旦被他們排擠，就會覺得失去容身之處。這種恐懼一不小心，就會讓我們被集體錯覺吞噬，甚至成為集體錯覺的幫兇。

別把我踢出去

排擠（ostracize）這個詞來自古希臘人的陶片放逐制度。早在人類還沒發明曠日廢時的彈劾制度之前，西元五世紀的雅典選民就會把討厭的政客、騙子、愛吹牛的傢伙，以及各種討厭鬼的名字刻在陶器的碎片（ostraca）上，投票驅逐不受歡迎的人。

雅典選民每年都會在市場上乖乖排隊，把刻好名字的陶片扔進投票罐中，然後在忠實計票之後，放逐那年得票最多的人。被放逐的人有十天的時間收拾東西準備離開，然後整整十年之後才能回來。雅典會好好保護這個人目前在城中的所有財產，一旦十年放逐期滿，他就可以回到城中繼續生活就業。

被放逐的人形形色色，理由也各自不同，例如有個叫麥加克勒斯（Megakles）

的傢伙，只因為母親太過專橫，而且花了太多錢養馬就被放逐。而且名人也會被放逐，就連亞里斯多德和英雄伯里克里斯（Pericles）也不例外。

我最喜歡的陶片放逐故事，是關於歷史學家希羅多德筆下「全雅典最優秀，最值得尊敬的人」，政治家亞里斯提德（Aristides）。在某次投票過程中，一個不識字的人拜託亞里斯提德幫他在陶片上刻下亞里斯提德的名字。這個人當然不認識亞里斯提德，所以我猜當時的對話可能像這樣：「先生您好，可以幫我在陶片上刻下『亞里斯提德』嗎？」

政治家愣了一下，「喔，可以啊。不過為什麼啊？你跟他有什麼恩怨嗎？」

「不不不，我根本不認識他，」那人說，「只是雅典的人全都叫他『正義的亞里斯提德』，我覺得很煩。」

於是亞里斯提德把自己的名字刻在陶片上，交給那個人投進了投票罐。[22]

雖然我們現在不太可能被趕出國家十年，但依然深深害怕被拒絕。我們大腦有一整塊區域（處理身體痛苦與社交痛苦的前扣帶迴皮質，anterior cingulate cortex）在不斷檢查別人有沒有對我們產生負面印象。而且功能性磁振造影的即時掃描指出，被社會排斥所引發的神經反應，跟身體疼痛時引發的一樣。[23]許多不同研究都顯示，被社會排斥會讓我們血壓升高、壓力激素皮質醇（cortisol）濃度上升。[24]而且無論感受到的是社交傷害還是身體傷害，我們的大腦都會發出相同的警報。[25]研究甚至發現，被排擠的心痛跟慢性背痛，甚至跟分娩一樣高。[26]也許心碎真的跟骨頭碎一樣難過。

這種社交痛苦很常見。研究排擠的心理學指出，我們即使只是被稍微冷落一下也會感到心痛，而且這種事情一天到晚都會遇到，有些人甚至是天天遇到。其中一項研究找了四十名受試者天天寫日記，記下當天各種大大小小被排擠的事情，最後得到七百多項紀錄。大多數的排擠事件都很雞毛蒜皮，例如上公車或火車時被陌生人皺眉、寄電子郵件之後朋友沒有馬上回應等等，只有少數比較嚴重，例如被伴侶無視。受試者表示他們在被排擠之後，歸屬感、自制力、自尊都下降了，而且被親朋好友排擠會更嚴重，會覺得自己的存在失去意義。[27]

我們的身體對排擠非常敏感，即使排擠自己的人遠在天邊，甚至是刻意想要惡整我們，我們也會心痛。有個詞叫網路排擠（Cyberostracism），是指在網路上被忽視或排斥的感覺，線上的互動比面對面的互動更容易讓人覺得被排擠，而且會引發跟當面排擠類似的身體與情緒反應。麻煩的是，在一個到處都是網友、按讚、點幾個鍵就立刻得到滿足的世界裡，覺得被排擠實在太容易。光是發了一篇文沒有立刻得到回應，也會讓人懷疑自己是不是被討厭了。網路排擠讓人喪失歸屬感，喪失自尊。[28]我們製作出來的溝通工具，掌控了我們原本害怕被社會拋下的恐懼。

無論被排擠的程度大小，我們一旦發現自己被排擠，體內的警報就會開到最大聲，[29]明明只是暫時被排擠一下，我們也會覺得攸關生死。[30]例如有個著名實驗是這樣的：受試者在房間裡跟其他兩人一起玩傳球遊戲，玩到一半突然被當空氣，兩人怎麼都不把球傳給他。這個實驗在線上也重複了很多次，叫作Cyberball，吸引成千上萬的受試者參與。無論是實體還是線上，受試者在被忽視兩三分鐘之後都產生「強烈的負面情緒」，尤其是悲傷和憤怒。[31]而且重點是，這個場景完全是刻意營造的，這顯示即使是在與日常生活完全無關的地方，被完全不認識的人排擠（在Cyberball裡面甚至是被電腦程式排擠），我們依然會感到受挫沮喪。[32]

更扯的是，其實就連目睹別人被排擠，我們也會心痛，痛得就像自己被排擠一樣。在某方面，這種與生俱來的移情能力讓我們每個人注定彼此關心，彼此相連；但另一方面，這也表示我們對排擠的反應機制，很難區分排擠是否真實存在，也很難區分是否發生在自己身上。[33]這機制就像個過度敏感的捕鼠夾，什麼風吹草動都會啟動。

對於排擠的反應機制，甚至強大到能讓我們忽略人際關係中的其他重要事項。

我們一旦發現自己可能被驅逐，就會被恐懼、心痛、自我懷疑所淹沒，忽略內團體與外團體之間的其他重要差異，看不清眼前的真實情況，忘記眼前排擠自己的人究竟是夥伴還是敵人。二〇〇六年有個實驗，請澳洲的受試者跟三個他們認為是三 K 黨的人一起玩線上傳球遊戲 Cyberball。照理來說，被三 K 黨排擠應該很爽才對吧？很抱歉，受試者感受到的依然是心痛。[34]

這種害怕被排擠的機制，除了會讓我們受到很多不必要的傷害之外，還有另一個風險：很多團體會大肆利用這個機制來操控我們，實現它們的目標。

要放過強尼嗎？

一九三〇年代有個叫作強尼．羅柯（Johnny Rocco）的少年犯，在美國中西部城市的貧民窟長大，說他「不知道自己能不能活到明天」。強尼家有十一個孩子，他排行倒數第二，爸爸暴力成性，沒有穩定工作，整天只會酗酒賭博；媽媽則體弱多病無法照顧小孩。所以強尼從小經常挨打，無人理睬。強尼五歲時，父親酒後鬥毆被朋友打死，家中兄弟也在此時大打出手。從小到大，他們家人很少吃飽，也幾乎沒錢付房租。

打從出生開始，強尼全家就是當地公認的「騙子、小偷、鬧事者」。所以強尼當然無處容身，他說「從來沒有哪個地方接受我。從來沒有哪個我喜歡、覺得可以信任的人，曾經很喜歡我」。他們家一直在貧民窟裡東搬西躲，強尼上學的前七年也陸續轉過七所不同的學校。其中一位老師寫道，「他跟教室完全格格不入，是我見過最難搞的男孩子。」當然，強尼的同學也拒他千里之外，禁止他參加生日派對，也不送他情人節禮物。

到了十二歲，強尼在輔導員的協助下開始接受教育輔導，轉入一間私立天主教學校，開始學習讀書寫字，升了好幾個年級。但即使他盡力要求自己循規蹈矩，還是經常在衝動下做出蠢事。某一天，他在整個房間的女童軍面前露鳥、砸毀社區設施、慫恿一群孩子拿起磚頭石頭扔民宅，從此被開除送回公立學校。但即使如此，還是有人願意相信他，天主教學校的資深修女請輔導員「不要放棄這個孩子」，說他「很多時候比我們想像得更努力。他會做出那些事，只是無法控制自己」。

不幸的是，強尼後來還是跟他的其他哥哥一樣做了案，有了前科。從此以後，無論附近發生什麼事情，警察都認為強尼必有牽連。某個夏天晚上，強尼和兩個朋友闖入一間民宅，偷走價值五十美元的珠寶。被抓之後，強尼承認他們立刻把珠寶賣給了當地黑幫頭目的媽媽，寡婦哈特菲太太。強尼的輔導員在法庭上為他辯護，某位當地警察也說，強尼這幾個月來的行為改善非常多。這讓法官陷入兩難，他丟出一個問題：「所以呢？我們該拿強尼怎麼辦？」[35]

一九四〇年代末，密西根大學心理系博士生史丹利．沙赫特（Stanley Schachter）做了一個實驗。他請受試者閱讀強尼的經歷，說說這個兩難應該如何解決，然後列出四種不同的討論小組，請受試者挑一種參加，跟其他七至九人在四十五分鐘內一起討論這個問題。但其實這個實驗是要研究人類如何處理社會中的意見分歧。受試者並不知道，沙赫特在每個聯誼會裡都安插了三名暗樁，這些人會刻意扮演既定的角色。[36]

小組坐定之後，沙赫特就請大家討論強尼的案件，看大家認為強尼應該送進少年犯學校、政府立案的寄養家庭，還是接受其他形式的懲罰？小組成員手上有個 1 分至 7 分的量表，如果覺得應該完全給強尼機會，就打 1 分；應該盡量處罰強尼，就打 7 分。

之後每個小組成員各自公布自己打的分數，然後彼此討論。三名暗樁永遠最後發言，各自扮演不同立場，「唱反調者」會刻意發表跟主流民意差最遠的意見；「主流派」會刻意發表最多人選的意見；「動搖者」會先發表最極端的意見，但只要有人講幾句，就會逐漸倒向最多人選的意見。

小組中大部分的人都會同情強尼的遭遇，在量表上選擇 2 至 4 分。所以「唱反調者」當然會選擇最極端的 7 分：盡量懲罰強尼。其他成員聽到這種意見都不可置信，把絕大部分的力氣都拿來說服「唱反調者」，希望他改變主意。但過了一段時間，人們逐漸放棄，同時也不再跟「唱反調者」說話。討論結束之後，研究人員請他們發表對小組中其他成員的看法，大家都說「唱反調者」最討人厭，而且是最不稱職的成員，不適合承擔重要決策。

沙赫特發現，小組成員的意見跟其他人差越遠，就越不受該團體喜歡。[37]而且我們在社會中處理意見差異跟維繫團結的做法，還有一個更大的隱憂：社會中凝聚力最強的小圈圈，通常會最早把「唱反調者」拒於門外不去溝通，以沙赫特的實驗為例，這種小圈圈裡面的百分之七十五，在三十五分鐘之後都完全不再理會「唱反調者」的一切行動。[38]所以他認為，一個群體的內部聯繫越緊密，就越可能拒絕那些觀點與眾不同的人。[39]

也就是說，群體利用排除異己來維持紀律、用排除異己來盡量縮小夥伴之間的差異。這其實不足為奇，畢竟大部分人都不願意跟同伴的意見發生衝突；但問題是，只要我們真正獨立思考，意見衝突是無可避免的。所以當你覺得重要的親朋好友都在亂講，你卻不敢公開反對，事情會變成怎樣？

蘇珊的困境

有個叫蘇珊的朋友不久前打電話給我，講她職場上碰到的困境。她剛剛休完產假，回到一家大型顧問公司當資深研究員，那家公司最重要的客戶包含很多金融業、科技業、能源業的大企業。

蘇珊研究所一畢業就去那家顧問公司上班，說她找到了「夢幻工作」，因為該公司很有名，薪水和福利都很好，而且工作內容跟同事她都很喜歡。她覺得該公司給了她一個有意義的職場生涯，可以讓她取得成功；而且該公司希望讓世界變得更美好，還花了很多心力協助能源永續。

就職後不久，這份工作就變成蘇珊人生的重頭戲。她在頭兩年努力成為該公司的楷模，生第一個孩子休產假期間，也滿腦子都想著之後要趕快回去上班，證明自己熱情不減。

但蘇珊回到辦公室，才突然知道高階主管把她從技術部門調到能源部門，在一個完全沒見過的經理底下工作。

更糟的是，蘇珊的第一份大任務，竟然是幫一個水力壓裂的採油計畫白皮書擦脂抹粉。她打電話給我的時候幾乎抓狂，「他們先是沒跟我商量，就把我調到新的部門，之後又要我幫一家邪惡至極的公司做壞事？他們竟然要我列出水力壓裂法有多少好處？搞什麼！」

蘇珊的反應我一點都不意外。她一直捐錢給 350.org、自然資源保護委員會（Natural Resources Defense Council）之類的環保團體，應該是我認識的人裡面最不可能支持化石燃料的那個。

「所以妳跟經理談過了嗎？」我問。

「廢話，」她說，「可是我覺得我做錯了。」

「為什麼？」

「嗯，我說跟這客戶合作對公司不利。這客戶違反各式各樣的環保法律，卻幾乎沒受到什麼重大懲罰；而且它們目前正在毒害賓州與密蘇里州的地下水，正在排放各種空氣汙染。這跟我們的定位完全相反，我們公司的使命之一就是在維持環境永續。接這位客戶的案子，會讓我們公司的形象被他們汙染。」

「那妳經理怎麼說？」

「他幾乎當面嘲笑我。他說合約都簽好了，有能力的人才不會在這種時間點提出質疑。我該做的，是乖乖如期交稿。」

「好吧，」我說，「那妳還是申請調職吧！」

「我之後會提，但得等一會，而且我現在還得花時間寫這份他媽的白皮書！我的意思是，為什麼我要做一件自己根本不認可的事情？這樣我到底還是不是我？我最近每晚都做惡夢。然後旁邊的寶寶吵到我根本睡不著！」

我不知如何回應。空氣一時陷入寧靜。

「呃，這樣的話，」我慢慢小心地說，「妳有沒有考慮過……」

「辭職？廢話！可是不行，至少現在不行。要找新工作需要時間，而且我們現在缺錢。」

於是我只能安慰蘇珊。她被卡死了，每一種做法都不可行。

我們大部分都能理解蘇珊的困境，而且或多或少都碰過這種鳥事。蘇珊最後背叛了自己的道德，她寫出那份白皮書，在上面簽名，留在那家公司，直到找到另一份更符合價值觀的工作。

陷入這種困境有時候是因為太過現實，有時候是因為身分錯亂，但這一點都不重要。只要你的價值觀跟你所在的群體衝突，你就必須面對三選一：選擇一，冒著被踢出去的風險，指出群體錯在哪裡；選擇二，道不同不相為謀，自己捲舖蓋走人。選擇三，明明自己並不同意，但繼續委曲求全。

這第三種選擇就是經濟學家提默．庫蘭（Timur Kuran）所謂的「偏好偽裝」（preference falsification），它並不理想，而且經常讓人感覺很糟，但在當下看來通常都很合理，甚至很務實。[40]麻煩的是，這種選擇會帶來意想不到的後果，而且時間跟程度都遠超過大部分人的想像。當我們為了保住自己的歸屬而隱藏真正的想法，就很可能會去幫忙實現自己不喜歡的事情，助長集體錯覺。

演久了就會成真

當我們的想法跟行為衝突，我們就會覺得什麼事情都不對。社會心理學家里昂．費斯廷格（Leon Festinger）稱其為認知失調（cognitive dissonance）。這種不舒服的感覺會讓我們把生活拉回正軌，讓我們修正自己的行為，或者修改自己的想法。而我們通常都選擇後者。

費斯廷格有個實驗，是研究賺錢的謊言如何影響人的信念。他找一群大學生去做一個漫長無聊的實驗，並要他們稱讚該實驗多麼有趣好玩。其中一群受試者事後獲得一美元，另外一群獲得二十美元，第三群一毛錢都拿不到。接下來，他請受試者私底下發表對該實驗的看法，結果沒拿到錢跟拿到二十美元的兩組都說實驗很無聊；但拿到一美元的那些人，卻說該實驗還滿有意義的。

費斯廷格認為，這是因為二十美元太多了，多到每個人都看得出來研究者是付錢請他們撒謊。但那些只拿一美元的人，卻不知道自己為什麼要撒謊，於是陷入認知失調：他們開始相信自己不是完全在說謊，是因為這實驗真的有點好玩，他們才會說這實驗好玩。畢竟如果現實不能改變，能改變的就只剩自己的信念。[41]

這就是假裝附和的第一個風險：我們一不小心就會相信自己的謊言。但風險不僅如此。說謊之所以很難，原因之一是說謊讓我們提心吊膽，以為別人能夠看穿。[42]研究這個現象的先驅，康乃爾大學心理學家湯瑪斯．吉洛維奇（Thomas Gilovich）稱其為「洞悉的錯覺」（illusion of transparency），[43]別人明明被我們唬得一愣一愣，我們還是會以為他們對真相了然於心。

我們都曾經在收到禮物之後假意稱讚吧？大家都知道，收禮的時候要言不由衷，但在說更重要的謊言時，這種思維卻會讓我們以為別人也能看穿。我們經常以為自己是透明的，什麼感覺想法都逃不過別人的法眼，尤其是焦慮、羞恥、厭惡，這些強烈情緒明明藏在我們心裡，我們卻以為大家早就發現。

其中一項實驗，是要求受試者面無表情地喝下十五個小杯子中的紅色液體。其中十個杯子裡裝了好酒，另外五個杯子裝了味道很噁的爛酒，實驗全程錄影，並問受試者說，如果我們找十個人來看影片，有多少人能看出他們心底隱藏的厭惡，知道爛酒是哪幾杯。受試者估計大約有一半的觀眾能看出來，但實際上答對的觀眾只有三分之一。[44]

我們一天到晚都會高估別人的讀心能力。我們無論是說謊、陷入困頓，還是對事物產生好惡之情，都會以為別人一望即知。[45]而當我們相信說謊會被看穿，我們就會做出另一連串的改變。

因為當你相信同儕有某種想法，而你假意附和，這時候只要有人公開質問，你就得面臨抉擇。你可以直接承認自己是在說謊，因為你不想跟大家唱反調，但你謊都說了，直接承認實在太過偽善。或者，你也可以把謊言說得更誇張，無視自己真正的意見，吹噓你的信仰有多麼堅貞，繼續獲得其他同儕的認同。但在這種時候，你越覺得必須繼續說謊，必須阻止別人繼續追問下去，你的謊言就越可能講得太誇張，誇張到大家都把你當成實現那個目標的完美使者。

這種原本為了顯示忠誠，最後反而騎虎難下的故事滿地都是。泰德．哈格（Ted Haggard）就是個好例子，這個帥哥是個重生福音派（born-again evangelical）基督徒，在大學時期感受到上帝的召喚，決定成為牧師。一九八〇年代中期，他在科羅拉多普林斯的一個小小地下室創立了新生命教會（New Life Church），教會規模迅速擴張，到了二〇〇五年已達一萬一千人，還被稱為美國力量最大的新興超級教會（megachurch）。[46]二〇〇〇年代初期，教會勢力如日中天，每年預算高達一千二百萬美元，泰德．哈格也當上全國福音派協會（National Association of Evangelicals）主席，該組織旗下有四萬五千個教會。[47]

福音派牧師大部分都反對同性婚姻，哈格也不例外。但他不僅公開譴責同志，還曾經要求科羅拉多州的憲法讓反同原則入憲。「同性戀這種事根本就不需要辯論，」他說，「《聖經》說不行就是不行。」[48]但到了二〇〇六年，哈格跟信徒眼中的美好一切突然土崩瓦解，一位叫作麥克．瓊斯（Mike Jones）的私人教練兼牛郎，說哈格曾經和他進行性交易。瓊斯對《洛磯山新聞報》表示「這個人一邊鼓吹反對同婚，一邊偷偷跟同性做愛，實在讓我火大。」[49]「我要讓大家知道這個人有多虛偽。他在臺上影響成千上萬的信徒，公開反對同性婚姻；卻在背地裡做那些他反對的事情。」[50]醜聞爆開之後，哈格被自己的教會拔掉資深牧師職位，也辭去了全國福音派協會的主席。[51]

在我看來，哈格昧著本意大推反同教條的行為，不僅傷害了他自己、傷害了他的家人、傷害他的福音派信眾，也傷害了他私底下的同志社群朋友。哈格的認知失調讓他獲得了巨大的名聲和權力，卻讓整個國家付出可怕的代價。

為了尋求認同而犧牲個人誠信，會讓你變得越來越不像你，損害你短期和長期的健康。[52]此外，我們不僅會為了繼續留在群體之中，而假意順應同儕的意見；同時也會誤解同儕，以為每個人私底下都認同群體的觀點。當我們誤解他人的本意，並且為了留在群體之中而刻意隱藏自己的面目與意見，我們就創造或助長了集體錯覺。這時候我們的問題就變成了整個群體的問題，我們的謊言變成了團體共同的誤解，扼殺了社會進步的機會。

美國南方廢除種族隔離的經歷就是個有趣例子。在法律跟司法系統都明令禁止種族隔離之後，種族隔離在南方各州依然普遍，後來才發現，原因竟然是這些白人誤以為其他白人夥伴反對改變現狀。

一九六〇至一九七〇年代，衛斯理大學社會系教授修伯特．奧戈曼（Hubert O'Gorman）發現，支持種族隔離的人最容易以為身邊其他人也支持種族隔離；而希望改變現狀的人卻經常認為身邊的人都拒絕改變。奧戈曼表示，「白人越是支持嚴格的種族隔離，就越容易認為當地大部分白人的看法都跟他們一樣。」[53]當時的美國人因為誤解他人，以及不敢有話直說，而無法真正成為自己，也無法推動自己認同的重大改變。[54]

日後許多研究陸續顯示，當時美國真的很多人都把種族隔離當成主流意見。研究者發現，白人百貨公司的經理，之所以拒絕雇傭非裔美國人當櫃員，是因為他們以為這樣顧客就不會上門。一九六九年的一項民調發現，底特律的白人居民有百分之七十五以上支持黑人跟白人小孩在一起玩，同時卻以為當地只有三分之一的人這麼想。這種誤解延續了當時既有的系統性種族隔離，例如居住契約、城市分區、居住限制，使得好幾代的非裔美國人和其他少數族群在那之後依然難以獲得優質的醫療、教育、房屋，以及其他重要機會。[55]就算到了現在，這種刻板印象依然讓許多人有意無意地無法平等彼此相待。

奧戈曼一九七六年的這段話，放到今日依然準確：

> 就算是緊密連結的小團體，也經常誤解彼此的價值觀與態度，更廣大更疏離的社會就更不用說。在廣漠的社會中，社會認同相似的人未必認識，即使認識也未必了解彼此真正的想法，所以這種狀況更常發生；而且當社會加速變化，這往往更為普遍。在這種狀況下，人們可能會以為很敢大聲的少數派代表了多數人的觀點，因而讓他們獲得巨大影響力。[56]

這最後就會變成一個自我實現的恐怖預言。當我們繼續瞎猜其他人的看法，繼續擔心自己是少數派，我們就更容易讓那些其實幾乎沒人相信的觀點繼續彌漫下去。更糟的是，我們明明支持改革，卻因為擔心被排擠而幫忙維繫現狀，所以其他人更難打破集體錯覺。「認同陷阱」就是用這種方式讓我們彼此傷害，用我們的手去阻礙社會進步。

多交幾群不同的朋友

吉姆．瓊斯把克莉絲汀．米勒這些信徒騙進邪教時，用了很多方法讓他們對自己一心一意。他先叫信徒全心建設偉大的願景，捨棄自己的財產、家園，甚至孩子的監護權，然後把他們帶進叢林深處。一旦進入瓊斯城，就沒收信徒的護照與個人藥品，並且監控該城所有對外聯繫。[57]從此之後，米勒這些信徒對外界一無所知，身邊還有武裝警衛時時監視，即使想反抗也無能為力。

這個故事告訴我們，同質性的團體一不小心就會變得像是邪教。當你開始覺得走到哪裡大家想得都差不多，你的社會認同就會開始變得單一、失去彈性，你也開始更難接受社會差異。這時候，你的團體認同跟你的自我認同會彼此糾纏，你會開始不惜一切服從團體，開始覺得每個作風不同的人都別有居心。[58]

我們一旦掉進這種認同陷阱，就會開始找藉口跟「異類」劃清界線，越來越難忍受那些形式各異、「帶有雜質」的群體；我們開始擁抱刻板印象，開始覺得黑白二分的世界最為安全舒心。[59]心理學家瑪麗蓮·布魯爾（Marilynn Brewer）與凱瑟琳·皮爾斯（Kathleen Pierce）二〇〇五年的研究指出，「當個人或社會體系面對心理、經濟、政治上的威脅，就會把自己的社會認同變得更狹隘、更扁平，他們會為了渴求安定感，而改用簡化的方式理解世界。最後，他們就會支持歧視，抗拒改變。」[60]

所以要如何避免認同陷阱？答案很簡單：幫自己超前部署。我們參加越多彼此不同的群體，身分認同就會變得越多元、越健康，我們也就越不會像邪教信徒那樣陷入認同陷阱，把自己的一切都放在同一個籃子裡。要提高身分認同的多元性，重點不在參加怎樣的團體，只要該團體能對你個人產生正面意義就可以。無論是球隊或歌手後援會、讀書會、遊戲俱樂部、研究小組、業餘樂團或合唱團，還是任何能讓你不斷感到快樂的有趣事情，去參加就對了。像我太太最近就跟一群年紀大她兩倍的長輩一起遛狗，結果意外地跟他們變成死黨。

多元的身分不但能讓你避開很多陷阱，不再用「非我即敵」的思維來看事情，更能使你我與整個社會直接受益。研究顯示，當我們被其中一個群體拒絕或貶低，我們會在其他群體投入更多心力，藉此撐住自尊。例如有一項實驗，就跟一群歐洲裔女性說，某位亞裔女性在測驗上的分數比她們更高，結果這群歐裔女性原本認為性別跟族裔同樣重要，聽完之後就突然覺得歐亞之間的差異比性別更重要。

當我們有更多種身分認同，我們在被其中一群人比下去的時候，就更能用其他的認同維繫自我價值，不會傷得那麼重。[61]此外，由於同儕的認可會讓我們感到幸福，我們加入的團體越多，獲得認可的方式也就越多，如此一來也就越有可能感到幸福（當然啦，還是有上限的）。[62]

多元認同的優點甚至不僅於此。二〇〇〇年代初，桑妮雅・羅卡斯（Sonia Roccas）和瑪麗蓮・布魯爾發現，你越是覺得自己的同儕形形色色各有不同，你本身就更能承受挫折，你的世界觀也會更開放、更細緻，更能容忍不同意見。[63]當我們接觸的對象更多元，我們的資訊就更完備，視角也變得更全面，更不容易被某個團體卡死，跟那群人一起陷入集體錯覺。[64]

這告訴我們，多交幾群不一樣的朋友，是人生中最有價值的事情之一。而且這不僅能讓我們自己過得更好，也能讓整個群體變得更強。我們的免疫系統是在接觸各種病原體的過程中建立起來的，我們的群體也得靠著因應變化來孕育能力。我們的思想越多元、概念越豐富，我們的力量就越強大。

Chapter 3 無聲的轟鳴

有些時候，沉默就是背叛。

——馬丁．路德．金（Martin Luther King Jr.）

想像一下，你是二〇〇〇年代末的荷蘭大學生，有一天在上課的路上穿過社會科學院，看到一張召募受試者的海報，名字叫「看見美麗」，是一群社會心理學家在研究人類如何認知臉蛋的吸引力。平常就愛翻時尚雜誌的你，覺得自己實在不去不行，而且該實驗還在法國與義大利同步進行，實在太酷了。所以你立刻報了名。

幾天之後，研究團隊請你填一份健康調查，例如有沒有幽閉恐懼症之類，並安排實驗時間。實驗似乎非常簡單：一邊接受腦部掃描，一邊幫一大堆女生臉蛋的照片打分數。「這根本只是花一個小時滑社交軟體 Tinder 嘛！」你想著。這樣就能為科學作出貢獻，實在太好了。

實驗當天，一名穿著白袍的助手帶你進入房間，房裡有一張小小的床。床的旁邊是一個巨大的白色塑膠甜甜圈，洞的大小剛好可以塞進那張床。「這叫作功能性磁振造影，」助手表示，她請你躺在床上，遞給你兩個控制器，每個控制器上各有四個按鈕，上面分別寫著 1 到 8。「接下來我們會放出許多照片，請你告訴我們每張照片有多吸引人，」她指著控制器上的按鈕，「毫無吸引力就打 1 分，非常吸引人就打 8 分。每張照片有三到五秒的時間回答。」她說完之後給你戴上耳機，在你頭上敲了幾下把耳機固定。你看了一下那個塑膠甜甜圈，裡面好像有個小螢幕。

「感覺如何？」耳機傳來助手的聲音。

「OK啦！」你說。雖然你其實有點緊張，而且有點冷。

助手請你盡量保持安靜，然後整張床緩緩滑入了那個白色甜甜圈。一分鐘後，甜甜圈裡的小螢幕亮了起來，出現一張女生的臉蛋照片，畫著濃妝面帶微笑，頭髮看起來油膩膩的。照片消失之後，你給照片打了 6 分，幾秒鐘後數字「8」亮了起來，旁邊寫著「+2」。看來「米蘭和巴黎的女性受試者」對這張臉的評價，平均比你高兩分。

「喔？」你皺起眉頭，「這樣啊？是我漏看什麼嗎？」

螢幕上出現第二張功能性磁振造影照片。你努力無視磁振造影機器的嗡嗡聲，繼續打分數。在那之後，照片一張又一張出現，就這樣經過了五十分鐘。

實驗完成之後你來到休息室。另一個助理突然走了進來，說要拜託你在沒有磁振造影機的情況下，把每張照片再打一次分數。他把你帶到另一個房間，確認你覺得舒服之後，以不同的順序給你看之前那些照片。不過這次，那些「歐洲受試者給出的平均分數」消失了，而且沒有時間限制，每張照片你愛看多久就看多久。

結束之後助手問你感覺如何，並感謝你的參與。你也很高興對科學作出貢獻。

不過你作出貢獻的方式，其實跟你想的不太一樣。實驗結束之後你才知道，其實整個設定都是騙你的，這個實驗的真正目的，是研究你對臉蛋的評價會如何因為其他人的評價而改變。實驗根本就沒有「歐洲各地同步進行」，那些「其他國家」或者什麼「米蘭和巴黎受試者的平均評分」全都是事先寫好規則的極端值，只是刻意為了跟你唱反調而已。但有趣的是，這個虛構設定的實驗，卻告訴了我們很多真實的事情。

功能性磁振造影的掃描結果顯示，當我們發現自己偏離了主流意見，大腦就會在神經層次上，產生一種跟事與願違時相同的反應。當事情的走向出乎預期，我們通常會認為是自己搞錯，這時大腦會把錯誤記錄下來，讓我們下一次不要再犯。這種機制在我們學習開車跟滑雪的時候很有用，卻會在社會之中造成麻煩：大腦會把與眾不同的意見當成錯誤的意見，讓我們下意識服從群體的共識。

因此，當我們重新幫同一疊照片評分，我們給出的分數就變得跟「歐洲各地的平均分數」更近。請注意這個設定的真正意義。這些「歐洲各地的受試者」並不是我們的內團體，「巴黎跟米蘭的女性受試者」遠在天邊，我們根本就不認識，即使意見不同也不用擔心被他們排擠。可是我們還是被影響了。這表示即使「其他人」不在現場、不知道打哪來的、甚至根本就不存在，他們的意見還是能夠讓我們服從。[1]

這個實驗告訴我們，即使眼前是一群自己未必重視的群體，即使「主流意見」可能只是我們的錯覺，我們也會在意自己是否偏離。在社交場合，我們的大腦不會仔細檢查眼前的表象是否為真，只會照著本能做事。

這種情況我稱之為「共識陷阱」（consensus trap）。它會創造出另一種集體錯覺：不是奠基於謊言，而是奠基於沉默，讓我們為了保持沉默，最後搞到彼此誤解。這種沉默的共識很可怕，它讓我們搞不清楚自己做錯了什麼，畢竟我們既沒有盲從他人，也沒有假意迎合，只是保持沉默而已。但沉默造成的「共識陷阱」

對社會的傷害，可能跟之前提到的其他兩個陷阱一樣大，甚至更大。而且我們一直在這麼做。

擺脫不掉的共識

很多魚都會為了不被掠食者吃掉，本能地游向魚群的中心；我們也會為了降低自己的生存風險，本能地跟著大多數人一起行動。[2]只要我們覺得自己偏離群體的步調，我們就會感到戒慎恐懼，而且上一節的臉蛋評分實驗顯示，就算群體遠在天邊，甚至是虛構的也沒有關係。[3]這種隨波逐流的偏好，在我們很小的時候就出現了。嬰兒研究指出，當我們十九個月大的時候碰到好幾種之前沒玩過的玩具，就會去選可能最多大人喜歡的那個玩具來玩。[4]即使不刻意營造壓力跟誘因，我們依然會照著我們認為是社會共識的方向前進，因為這是我們的天性。

我們生來就害怕被排擠，也生來就害怕社交孤立（social isolation）。孤立比排擠更幽微、更難以察覺，但也確實會對身心造成傷害。研究發現，社交孤立至少會導致認知能力下降、失智、壓力增高、睡眠斷斷續續、憂鬱、對潛在威脅特別提高警戒。[5]

相反地，當我們成為主流意見，我們會覺得有一整個巨大的網絡在挺我們。這種連結對我們和主流群體都有利：群體的力量保護我們免於威脅，讓我們覺得活得更像自己；同時我們也越來越想符合主流群體的期待，強化了群體的影響力和掌控力。融入主流群體會讓我們覺得一切都在掌控之中，而且群體的力量越大，這種掌控感也越大，因為我們的信念跟規範都跟群體一樣，這時就會覺得「既然局面在我們這群人的掌控之下，當然也在我的掌控之下」。這種權力感會刺激腦中的獎賞系統，讓我們死抓不放，就像嬰兒飢渴地抓住奶嘴一樣。而人數的優勢，也讓我們滿足於主流帶來的霸權與影響力，更不願意離開這座堡壘。

但這種害怕被孤立，以及渴望成為主流的傾向合在一起，會讓我們非常容易去迎合那些我們以為是群體共識的東西。所以當社會上有好幾種（通常是兩種）意見彼此競爭時，大部分的人會先靜觀其變，直到風向開始確定，才紛紛西瓜偎大邊。這種做法不僅可以防止被孤立，還能收割身為主流群體的所有好處。[6]

一九六五年的德國選舉就是一個好例子。當時的局勢兩強分立，基民盟（Christian Democratic Union，CDU）跟社民黨（Social Democratic Party，SPD）的支持度都是百分之四十五，一整年裡絕大多數時間都是這樣，持續好幾個月毫無變化。但在選前最後幾週，基民盟的支持度突然超過社民黨百分之十，最後選舉也以百分之九的優勢勝出。

大家都搞不懂這是怎麼回事。一開始有人猜是民調不準確，但德國的民調與新聞通訊學者伊莉莎白·諾艾爾—諾依曼（Elisabeth Noelle-Neumann），在研究了投票前六個月的民調結果之後，懷疑真正的成因可能是某件事情打破了中間選民的心理門檻，那就是英國女王伊莉莎白二世（Queen Elizabeth II）一九六五年五月造訪德國。當時英國女王在基民盟黨籍總理路德維希·艾哈德（Ludwig Erhard）陪同之下，鼓舞了支持者的情緒，讓他們更敢表態相挺；同時也讓社民黨支持者變得異常安靜，不敢說出自己的聲音。於是基民盟的聲音在社會上就看起來越來越大，形成了一種即將獲勝的印象，讓那些搖擺不定的選民最後把票投給他們。[7]

雖然這種「跟風效應」（bandwagon effect）是諾艾爾—諾依曼最早提出的，但其實自古至今都一直存在，而且政治界特別常見。研究民調的人都知道，那些一天到晚看民調走勢的選民，最容易跟著局勢的漲跌改變方向，把票投給可能獲勝的候選人。

二〇一九春天的民主黨黨內初選就是個好例子，當時拜登跟桑德斯、華倫共同角逐提名，左派選民與年輕選民比較喜愛桑德斯跟華倫，溫和派和年長者則相反。那年二月的某個冷天，拜登前往南卡羅萊納某間高中的體育館發表演講，呈現出他對非裔美國人的處境有多麼感同身受。從那之後一切都變了，南卡羅萊納州的民主黨支持者有很多都是非裔美國人，而且演講內容更是被新聞與社群媒體不斷轉發。南卡羅萊納州初選開票之後，拜登獲得百分之六十四非裔美國人的支持，接下來好幾個州的選情瞬間改變，一個接著一個倒向了拜登。就這樣，大勢一旦底定，黨內初選也差不多結束了。[8]

想一下就知道，如果你當時位於南卡羅萊納，並不支持拜登，而是非常喜歡艾米．克羅布夏（Amy Klobuchar，初選之後退出的候選人之一），你在看到拜登摧枯拉朽連下數城之後，會繼續跟親朋好友推銷克羅布夏的核心政綱嗎？還是乾脆放棄，讓拜登代表民主黨去競選就好？

我們發現風向改變的時候，未必會直接改變偏好，但至少不太會繼續大聲挺那些輸定的候選人。跟風效應讓我們不喜歡發表小眾意見。所以看起來越受歡迎的政黨，最後就越容易得到整個社會的支持。這種機制讓民調與媒體的影響力高得不合理，嚴重打擊了民主政治的正常運作。[9]

而且跟風效應顯然不是政治的專利。當我們不確定自己是多數還是少數，或者當我們相信風向正在改變，我們就會保持沉默。這種事我們天天都在做，我們越是擔心自己被孤立，越是希望成為主流，越是擔心自己的政治立場淪為少數派，我們就越不想說話。反過來也一樣，當我們成為主流，我們就會覺得發表觀點幾乎毫無風險，以為「其他人」幾乎都會站在我們這邊。10

保守牌的代價

想像一下，你在現任市議會主席的指導下，第一次選上了市議員。你滿懷期待地走進議會，想要推動各種理念。

但第一次開會就面臨一個兩難問題。社會局指出，社會住宅的犯罪與吸毒率逐漸攀升，而且數量供不應求，很多老年人和身障人士申請了很久都住不進去。主管機關建議趕走那些毒蟲，把房子讓給不太可能犯罪的人。

這聽起來很合理，但得看罪犯是誰。如果毒蟲跟毒販都是單身成年人，這沒什麼好討論的，但你發現他們大部分都是未滿十八歲的青少年。官員和民代陷入了一個兩難：要拆散家庭，把販毒的少年趕走，讓他的家人繼續住在當地？還是要因為一個孩子犯罪，就把全家踢出去？還是放過這些青少年，讓成年人把他們當人頭來販毒？

你自己其實希望政府把錢花在協助家庭以及輔導罪犯身上，而且你認為大部分的議員也會同意。至少，你希望大家能夠務實地討論每種做法的利弊得失。但那個帶著你選上市議員的主席這時候突然發言：「孩子從選擇嗑藥的那一刻起，就已經放棄了自己的家人，」他認為只要罪證確鑿，政府就應該把他們趕出社會住宅，「而且我不會把他們跟家人分開。一個孩子犯罪，全家都得出去。」[11]

你有點驚訝這位前輩竟然會抱持這麼極端的立場。於是你環顧全場，但似乎讀不出風向。你好奇其他議員現在都怎麼想，「難道他們都同意我老闆嗎？」社會住宅政策不是你的強項，所以你不想冒險。「反正我講不講都沒差，」你想著，「我是一個小菜雞，而且只有一票，無論說什麼都無法改變最後結果。還是不要開場就跟大家對幹吧。」

於是你選擇了沉默。

我們經常陷入這種討人厭的沉默，只是很多時候不願意承認。而且當我們有一些不想曝光的動機，我們就更想把話藏在心底。如果你的孩子正在私立學校爭取參加球隊、贏得比賽、進入頂尖大學的資格，而市議會的主席剛好也是高中董事會的成員，你會更不想在議會上跟他對槓。有些時候，保持沉默還能幫你保住飯碗，如果老闆開了一個很不恰當的玩笑，但你剛好很需要晉升，你會想當面指出他的錯誤嗎？

聽到這裡你可能會說，「好吧。不過保持沉默靜觀其變到底有什麼錯？我不是說沉默是對的，但這只是無所作為，不是主動說謊。這樣到底錯在哪裡？」

這會以很多不同的方式，對自己與他人造成傷害。短期來說，明知為假而不拆穿，會讓我們自己無法跟群體交流資訊，無法從群體那裡獲得智慧和新知；同時也會強化既有的錯誤規範，傷害我們和其他成員。長期來說，當你對錯誤保持沉默，你就會創造出集體錯覺，或讓錯覺延續下去。

旁觀者效應

一九四〇年初期，法國有個叫作伊凡．貝特拉米（Ivan Beltrami）的年輕醫生，風流倜儻，笑容迷人。貝特拉米對納粹德國，以及跟納粹狼狽為奸的法國維琪政府恨之入骨，他信奉天主教，有很多猶太人朋友，還讓其中一些朋友躲在他位於馬賽的家，以及他實習的醫院。他冒著生命危險幫反抗軍傳遞消息，讓猶太人早一步躲過突襲和圍捕，有些時候甚至把他們救出來。當然，到了最後還是有許多猶太朋友被抓去布痕瓦爾德集中營（Buchenwald），貝特拉米無計可施，只好召集一群特攻部隊，專門暗殺維琪政府的走狗跟可惡的蓋世太保。[12]

想像一下，你是一九四二年的貝特拉米醫生。你在馬賽街上，看到一個你認識的警察在圍捕猶太人。這位警察叫夏戎，整條街的人都看得到，他一邊內心掙扎淚流滿面，一邊對猶太人大吼，把他們趕上貨車送去集中營。

「夏戎怎麼了？」你不禁疑惑，「他為什麼要繼續做這種恐怖的事情？為什麼不跟我一樣加入法國反抗軍？他到底是被納粹洗腦了，還是別無選擇？」然後你又開始越想越深，「附近這些旁觀者在想什麼？他們不會真的認為可以這樣對猶太人吧？他們會不會跟我一樣天人交戰？但我不能現在在街上表態，萬一我被逮捕，法國反抗軍就會曝光。我必須忍耐。」

當然，上面這是非常極端的例子。但還記得上一章提到的某個實驗嗎？受試者待在煙霧瀰漫的房間裡，明明知道可能已經失火，卻為了避免尷尬而選擇沉默。很多時候表態明明毫無成本，或者成本小到可以忽略，我們卻依然閉上嘴巴求取當下的安全。這種習慣，會讓我們在自己或他人受到威脅時，選擇作壁上觀。

我們在日常生活中，經常縱容一些無關緊要的邪惡行為。很多時候我們看到搧小孩耳光、虐待動物、金融詐欺、種族歧視、性騷擾、剝削勞工，都不會當下挺身指責。我們會繼續過日子，然後讓集體的沉默繼續傷害社會。這種沉默不僅讓當下的受害者難以反抗，也讓每個目擊者感到內疚。更變相昭告天下，說這社會是一個做壞事也不需要付出代價的地方。而且我們人類的彼此模仿，更是讓縱容的效果指數放大：當「其他人」也跟我們一樣保持沉默，我們就會以為他們也願意容忍這些惡行。

當我們位於納粹占領的法國，那種權力嚴重不平衡，到處都有不平等的環境下，通常都會選擇沉默。我們擔心公開反對那群壓迫者，會先丟了小命，所以只能沉默不語，暗自祈禱那些更勇敢的人站出來開第一槍，讓我們從後跟上。只要你跟跋扈的執行長開過會，你一定對此非常有感：無論執行長說什麼鬼話，都只有那些利害直接相關，或者不怕被開除的人敢反對；其他人都只會低下頭看手機。當老闆聽不進批評，最簡單的辦法就是閉嘴。從小到大，社會都教我們這麼做；而且商業界的同儕競爭很激烈，冒險說出真相只是在跟升遷過不去，沉默雖可恥但有用。一項調查顯示，百分之八十五的受訪者表示，他們在職場上至少發現過一項重大問題但不敢向老闆提出；在另一項研究中，百分之九十三的受訪者表示，該組織沒有人能夠或願意說真話，已經釀出潛在的重大危機。[13]

組織行為學的文獻裡面有一大堆故事，都在講員工不敢說真話、不敢警告高階經理的時候，會出什麼問題。[14]例如一九八六年震驚世界的挑戰者號事故，就是因為美國航太總署的工程師，在發現太空梭上的O型環可能會漏氣之後，不敢把真相告訴高層，於是那年一月二十八日的寒冷早晨，O型環就像工程師擔心的一樣失靈，火箭起飛七十三秒之後爆炸，害死了太空梭裡的所有人。[15]福斯汽車的舞弊醜聞也是，據說這家公司非常專制，工程師在設計柴油引擎的時候都不敢報出真正的排碳量，直到汽車推出之後被外界發現造假，才被罰了數十億美元，公司聲譽也一落千丈。[16]就算是把直言不諱當成企業價值的矽谷，說得太直接也會丟掉飯碗，谷歌的非裔女性科學家蒂姆妮．葛布魯（Timnit Gebru）就在發表了一篇論文批評該公司的技術之後，突然被谷歌開除。[17]

當權力在別人手上，說真話可能會很慘；而當你的收入、名聲、公司利潤都要看別人臉色，說真話可能就會更慘。金柏莉．傑克森（Kimberly Jackson）就是個好例子，她在COVID-19流行期間發現，突然有一大堆年長者跟身心障礙人士，從原本的療養院被轉送到她上班的精神病院，「看起來就像是療養院刻意把失智當成一種精神疾病。」她說。療養院的資料也顯示出一樣的結果：美國各地的老年安養機構，尤其是營利性的安養院，都出現了把年長者判為精神疾病，扔進醫院並禁止他們回來居住的現象。這種棄置病人（patient dumping）的行為是違法的，[18]但傑克森向《紐約時報》（*New York Times*）爆料之後，她上班的皇冠角神經行為醫院（NeuroBehavioral Hospital of Crown Point）卻以違反公司的媒體政策為由開除了她。傑克森對此只說了一句話：「我看到事情不太對勁，所以當然要講。」[19]這說來簡單，實作起來卻要很勇敢，但如果我們也這麼做，每個人都能獲益良多。

礦業州也有類似的故事。一九七〇年之後，聯邦政府就一直用礦工健康調查計畫（Coal Workers' Health Surveillance Program）幫礦工進行免費的胸部 X 光等健康檢查。但跑去採檢的煤礦工人，一直只有三分之一。更奇怪的是，因為塵肺症會造成長期影響，照理來說年輕的礦工特別值得及早檢查，但前來檢查的礦工卻大多都是即將退休的老人。為什麼？

政府的公開調查報告可以看出一些端倪：受訪的礦工懷疑健檢資訊會外流，然後他們會被開除。照理來說，以健康原因解雇員工是違法的，但雇主可以用很多其他藉口阻止加薪，或者中止合約。一位工會成員就表示：「公司最不想看到的……就是旗下的哪個礦工找到了證據，證明自己在工作中感染塵肺症。」[20]研究者詢問礦工，他們是否擔心提出健康或安全疑慮，會讓自己無法加薪或丟掉飯碗，百分之八十的受訪者都說會擔心。但這些公司的主管卻有百分之九十五認為，公司根本就不會因為員工提出警告而對他們做出任何事情。[21]這顯示主管與員工之間完全沒有溝通，公司和個人都變成了寒冬中麻木的手指腳趾，碰上危險也無法及時反應。

自古以來，組織裡權力最大的人通常都會不斷施壓，讓其他人保持沉默乖乖照做。近年來社群媒體改變了這種機制，讓資訊交流更為民主；但同時也創造了另一種暴力，這種暴力經常比過去的壓迫更難以預期，而且顯然更普遍。

沉默蔓生如癌

勞莉·佛瑞斯特（Laurie Forest）是某個小鎮診所的小牙醫，長長的金棕色直髮盤在醫用的藍色軟帽裡，口罩上方是一對聰明溫柔的綠色眼睛。她穿著淡粉色的手術服，戴著一雙白色乳膠手套，看起來讓人有點緊張；但總是帶著微笑，用平靜自信的聲音跟患者溝通，整理我們全身最重要的器官之一：牙齒。每天上班，她都認真打理患者口腔的黑暗沼澤。但到了夜晚，她會把精力轉向另一些完全不同的美麗臉龐。

佛瑞斯特下班之後，會去寫青少年奇幻小說。她一開始是被四個不到十歲的女兒硬拗，才會看這種作品的，「我之前沒有真的讀過奇幻小說，但她們一直叫我去讀《哈利波特》。結果沒想到一翻開就愛上了，之後她們讀什麼我就跟著讀什麼。」[22]她不僅變成青少年奇幻狂粉，不久之後還因為目睹社區中的種族偏見和恐同行徑，開始自己撰寫奇幻作品。二〇一七年初，她的第一部作品《黑女巫》（*Black Witch*）準備出版，故事裡有魔法、龍和勇敢的冒險；但她卻沒想到，現實世界中的黑魔法，竟在故事外向她襲來。

就在預定出版日前幾週，青少年奇幻社團裡面出現了像「紹特夫人」那樣的人，在自己的部落格上大罵這部作品。「《黑女巫》是我讀過最危險、最噁心的書，」她寫道，「它完全是寫給白人看的，它讓那些自以為沒有種族歧視的白人，覺得自己真的把有色人種當人看，以為自己目前的做法已經好棒棒，大家都應該來稱讚。」她舉出書中使用的「純血」、「混血」詞彙；以及各式種族衝突與種族歧視情節，例如那些大剌剌歧視異族的角色。但她沒有解釋這些元素出現的脈絡，而是直接條列在文章之中，然後砲火全開。[23]

這位讀者在推特上號召所有粉絲轉推她的評論，沒過多久就在青少年的推特界燒起一道毫不留情的社會正義尖銳野火。接下來在幾天內，成千上萬的鄉民灌爆佛瑞斯特跟出版社的信箱，要求取消出版；同時湧入閱讀社群網站 Goodreads，將上面的《黑女巫》洗成一星評價，其中很多人根本就沒有讀過該書。在原始貼文的瀏覽數來到數萬之後，鄉民開始圍攻那些喜歡該書的讀者，像瘋狂的蜂群一樣以「你怎麼敢說這種話？」（How dare you?）之類的尖銳批評，把對方罵到不敢回嘴，最後甚至還開始說，只要支持這本書就是在同情納粹，就是在相信白人至上。[24]

佛瑞斯特最初對此瞠目結舌，因為《黑女巫》就是在批評人們心中的偏見跟種族主義。但她想了一想，決定做一件批評者大概不希望她做的事：認真地去看每個人到底說了什麼。[25]看完之後，佛瑞斯特發現真正讀過這本書的人，讀到的東西都跟當時的主流意見完全相反。於是她決定繼續出版。

截至本書撰寫之時，《黑女巫》在 Amazon 上的得分是四點五星，Goodreads 上的得分是四點零八分。二〇一七年，一位讀者在 Goodreads 上問說，「為什麼一本完全不批判種族歧視的書，可以在二〇一七年出版，而且還寫給青少年看？」該文獲得二十七則回應，內容大同小異：「拜託，這本書就是在罵這個的」、「你真的讀過嗎？」[26]

最初的提問者沒有回應，大概是糗到不敢回應吧。倒是有一位叫艾蜜莉．梅的讀者，在二〇一七年給了《黑女巫》四顆星：「我認為這本書深入探討了我們為何會產生偏見。作者把每個種族都描寫得很有層次、讓人能夠認同。」該評論獲得一千九百七十一個讚。這大概也是該系列的六本書之後全球熱銷，翻譯成好幾種語言的原因之一。[27]佛瑞斯特的故事告訴我們，不經反思就去壓制言論的行為，會讓壓制之火越燒越大，吞沒身邊的一切，甚至吞沒壓制者本身。此外也告訴我們，我們不敢反抗這種言論壓制，經常都不是因為對方有多主流，而是因為對方很大聲，讓我們誤以為他們是主流。

但這個故事也表示，我們面對霸凌時可以繼續堅持自己的聲音，而且不需要跟他們互罵。

數位科技出現之前，邊緣意見很難獲得力量，因為那些意見實在太難說服其他人。但現在只要有個社群媒體帳戶，就可以走到哪裡罵到哪裡。

社群媒體讓那些有心人士輕易獲得影響力，可以直接影響目前的主流，並用肆無忌憚的言論嚇跑所有反對者。佛瑞斯特就是碰上這種事，如今很多人也一樣。社群媒體強化了網路霸凌，讓人不敢說出真正的意見，看到錯誤的事也不敢指正，最後造成了我們最不想要的局面：彼此譴責、彼此恐懼、社會陷入極化。

當然，就是有了社群媒體，才能讓製片人哈維．溫斯坦（Harvey Weinstein）這種性侵犯為自己的行為付出代價。但社群媒體同時也讓霸凌不再是有權有勢男性的專利，而是每個人手中的武器。如今無論是誰，只要輕輕按下幾個鍵，都可以引發一整波網路公審跟網路仇恨。[28]

左派作家學者馬克．費雪（Mark Fisher）發表過一篇精采的批評，說取消文化（cancel culture）是「吸血鬼的城堡」。他認為推特上那些「公然的暴行」跟不留情面的指責，已經讓人們失去了分寸，永無止境地騷擾中傷每一個公眾人物。「這種霸凌文化就像點滴一樣」，一滴一滴地流進汗流浹背、無法動彈的病患體內。他認為如今無論被罵的人是對是錯，這種網路霸凌都會留下「可怕的傷痕：讓被罵的人覺得內疚，讓社會容忍獵巫」。這會讓我們彼此恐懼、讓霸凌者有機可趁。[29]

更糟的是，社群媒體上的遠程互動，其實是大幅剪裁後的結果，這種格式讓我們很容易妄下判斷，以為對方就像我們看到的這麼扁平而單一。社群媒體只能呈現一個人的發文、照片、影片，把對方的一生擠進一個小小的盒子裡，盒緣鑲著各種鮮豔的刻板印象。這讓我們很容易忘記河道上的人在現實中有血有肉，讓我們覺得霸凌可能沒有什麼，讓我們看不見被公審的人受到多大的痛苦。費雪說，社群媒體讓人「只要犯了一點小錯，或者被人誤解，之後就永世不得翻身」。[30]

最近幾年還演變出一種更糟的趨勢：機器人帳號。機器人的網路霸凌比真人更可怕，它很容易變成操弄工具，讓我們誤以為邊緣意見非常普及；同時會像遊樂場的哈哈鏡那樣，利用我們對主流群體的偏見，扭曲我們對大多數人的看法，讓我們以為線上的每個數字背後都有一個真人，以為眼前的所有跡象都顯示所有人討厭自己。我有個共和黨朋友抱持著眾所周知的反川普立場，他在推特上發了幾篇批評前總統的貼文之後，鄉民的圍剿就如海嘯般襲來。「其實我知道這背後只有幾千人，」他說，「但我還是覺得地球上的每個人都在針對我。」從此之後，他不再使用推特。

這些機器人帳號都會刻意模仿社群媒體上真實的人類行為，例如按讚、轉貼、發文。它們可以用大量武斷、跳針的言論灌爆討論區，淹沒那些認真合理的討論；也可以狂洗貼文或發言者的按讚數量，藉此「製造共識」。一位研究者指出，「機器人帳號大幅提高了我們彼此操弄的能力。」你在臉書上應該有一兩個喜歡政治鬧版的網友吧，想像一下，如果他控制了五千隻機器人會發生什麼事？[31]網路上的機器人帳號，就正在做你剛剛想像中的事情。

此外，機器人帳號還可以改變討論區裡的意見分布，讓我們以為假資訊才是主流意見，開始自我審查不敢提出質疑，陷入諾艾爾—諾依曼發現的「沉默螺旋」（spiral of silence）。[32]多年以來，俄羅斯就一直用這個機制，壓制那些批評總統蒲亭（Vladimir Putin）以及其政策的言論。委內瑞拉總統馬杜洛（Nicolás Maduro）這些政治領袖，也紛紛發現機器人帳號是很好用的政治工具。二〇一三年，推特突然關閉了六千多個機器人帳號，這些帳號直接轉推馬杜洛貼文，很可能違反了推特

「禁止用不實互動，偽造帳號或發文內容的熱門程度」的使用守則。[33]有趣的是，這些機器人帳號明明只占馬杜洛粉絲數量的百分之零點五；但關閉之後，馬杜洛的轉推次數卻爆跌了百分之八十一。[34]

有個叫胡安．莫拉雷斯（Juan Morales）的經濟學家，用這個事件來研究機器人帳號如何影響我們對於線上意見分布的看法。他分析了六個月內的二十多萬條推文，發現機器人帳號關閉之後，馬杜洛轉推數的下降程度，跟批評總統與支持反對派推文的增加程度呈正相關。這表示，這些機器人帳號吹噓出來的「主流民意」，的確使委內瑞拉的政治討論陷入沉默螺旋。機器人大軍消失之後，支持總統的大部分聲量也隨之而去，委內瑞拉的民眾開始根據現實生活中的樣貌，重新思考真正的主流民意到底為何；同時，民眾也不那麼擔心自己是少數派，開始分享自己的觀點。[35]

雖然目前還很少人在意，但目前社群媒體上的互動，已經有百分之十九不再是出現在人與人之間，而是在人類與機器人之間。研究社群媒體的人用統計模擬發現，機器人帳號只要能夠代表百分之五至百分之十的參與者，就能成功改變討論風向，讓機器人的意見變成主流，占所有參與者的三分之二以上。[36]

當社會中的邊緣群體，像榆樹谷的紹特夫人那樣喊得很大聲，獲得不成比例的曝光度；同時大部分人又一無所知，或者等著跟隨主流，整體輿論就很快會扭曲成一道銳不可當的龍捲風。當少數群體把自己的意見吹噓成主流民意，我們就很容易因為集體錯覺，而捲入危險的沉默螺旋之中。

螺旋擴大如海

還記得一九六五年的德國嗎？當時社民黨的支持者沒有發現，他們的沉默讓其他人覺得基民盟贏定了。就是因為這件事，諾艾爾─諾依曼開始研究沉默螺旋，開始思考我們的沉默如何助長敵人的氣焰。[37]

事實上，我們越是覺得說出自己的想法，會讓我們跟那些支持現況的人吵起來，尤其是跟親朋好友和鄰居吵起來，我們每個人眼中的世界就變得越扭曲；真相就越像是國王的新衣，一個不願面對的秘密。但是，很多時候都沒有任何人敢直接戳穿真相，所有人都選擇逃避。這種時候，國王身邊那少數幾個諂臣，看起來就會像是主流民意。[38]

很多時候，閉上嘴巴不要反抗，都可以繞開問題避免衝突；但我們一時的方便，卻會助長無所不在的霸凌。比爾叔叔在感恩節餐桌上發表種族歧視言論的時候，我們可以沉默；老闆占同事便宜的時候，我們可以沉默；市長或立委作出錯誤決定的時候，我們也可以沉默。但這些小小的沉默會累積成一個巨大的假象，最後一群人的沉默就變成了整個社會的沉默。

而且不要忘記，此時此刻的我們，早就被捲進集體錯覺之中。水裡的魚看不見透明的網，現實中的我們也看不見下意識的從眾偏誤和自我審查。而且社群媒體的出現，更是讓我們的自我審查像癌細胞一樣快速擴散。

目前的狀況會讓人想到一九五〇的麥卡錫時代，當時威斯康辛州參議員麥卡錫（Joseph McCarthy）以顛覆國家甚至叛國之名，指控數百人是共產主義者。沒過多久，這樣的「紅色恐怖」（Red Scare）就讓美國人以為匪諜就在你身邊，懷疑的情緒滲透每個角落，毒害了整個社會的根基。麥卡錫在眾議院建立的反美活動調查委員會（Un-American Activities Committee），變成政府中的一顆毒瘤，讓許多國務院、學術界、電影業、工會的人畢生成就毀於一旦，受害者數以百計；而且還連累到同性戀，因為這些人會「威脅國安」。[39]光是被騷擾的名人，就包括卓別林（Charlie Chaplin）、奧森．威爾斯（Orson Welles）、露西．鮑爾（Lucille Ball）、丹尼．凱伊（Danny Kaye）、李奧納德．伯恩斯坦（Leonard Bernstein）、皮特．西格（Pete

Seeger）、愛因斯坦（Albert Einstein）、藍斯頓・休斯（Langston Hughes）、布萊希特（Bertolt Brecht）、達頓・川波（Dalton Trumbo）。[40]

但即使是在紅色恐怖的高峰，美國人還是敢有話直說。當時只有百分之十三的人覺得當時的環境讓他們更難說出自己的意見。[41]在一個民主國家，百分之十三的人不敢講話已經是夠嚴重的問題，如今我們都知道麥卡錫主義是歷史上的汙點。但現在呢？在目前嚴重極化的美國，有多少人不敢發聲？

研究結果顯示，當代的自我審查比麥卡錫時代還嚴重。加圖研究所（Cato Institute）在二〇二〇年七月做過民調，詢問美國人敢不敢安心地在公共場合發表自己的意見，百分之六十二受訪者表示不敢，擔心自己的意見會讓別人感到冒犯；而且無論是民主黨人（百分之五十二）、中間選民（百分之五十九）、還是共和黨人（百分之七十七），有這種感覺的比例都超過一半。[42]

你可能以為社會中不敢發聲的人，都是那些害怕當權者算帳，敢怒不敢言的無助勞工。但當代並不是這樣，無論你的種族、經濟地位、政治傾向、教育程度如何，你都可能因為恐懼而縫住自己的嘴巴。

例如你可能以為，高等教育給予的各種大量知識，加上重視實驗的科學精神，會讓裡面的人思想更開放、更努力保障社會中的少數觀點。但根據我自己在學術界的經驗，這裡到處都是自我審查，跟其他地方根本沒差別。二〇一九年的一項研究甚至顯示，高中沒畢業的人有百分之二十七會自我審查，高中畢業的卻有百分之三十四，大學畢業的更高達百分之四十五。[43]而且我敢打賭，碩博士的自我審查比例一定在這個之上。

只要我們以為只有自己擔心成為少數，我們就很容易誤解別人的行為，以為其他人都同意主流意見。這時候我們就會保持沉默，覺得「這些人不可能全都是錯的」，然後那些追求歸屬感的人，就誤以為我們也同意主流意見，於是每個人就渾然不覺地，在相同的機制之下，共同玩起了一個巨大的自我審查遊戲。於是我們孕育出了集體錯覺，並用我們的沉默餵養這頭巨獸，讓牠急速成長茁壯。

在專制國家，說出真相可能會沒命，所以沉默可能是必要的。但如果只是因為集體錯覺而保持沉默，我們就是在主動讓自己與他人陷入危機，而且這種危機對民主國家更大，因為民主國家的健康與活力，來自每個人無論站在哪裡都能自由發表自己的意見。此外，這種沉默也讓我們無法正常辯論，無法討論當下最迫切的議題。例如研究人員就發現，我們很容易對氣候變遷問題保持沉默，因為我們很容易以為別人不同意我們，或者以為別人認為我們不夠資格討論氣候問題。[44]於是大家都不談氣候變遷，看起來就像大家都不在乎，然後問題就越來越嚴重。

當然，每個人表達觀點的門檻各有不同，而且哪些人支持你的觀點，這些人跟你有多親密，都會改變門檻的高低。[45]我們在觀點獲得公開支持之前，通常不喜歡表態。此外，幾乎沒有人永遠有話直說。有些人只會在幾乎所有人的觀點都跟自己一致的時候才加入，有些人只會在自己的意見成為多數的時候表態，甚至有一些人永遠都不表態。[46]

但無論我們表態的門檻有多高，我們都得知道，每當我們在可以表態的時候繼續保持沉默，我們就在助長沉默的螺旋。當陷入螺旋的人一個個增加，對邪惡、壓迫、不公平的行為與規範含糊其辭或找藉口的人，也會默默地越來越多。接下來沉默螺旋就越來越大，最後整個社會就到處都覺得惡行可以接受。沉默，讓我們自願成為惡行的共犯。

懷疑的種子

美國內戰結束的時候，一名叫作勞倫斯．威爾（Lawrence Ware）的解放奴隸從喬治亞州步行前往南卡羅萊納，尋找他被奴隸制奪走的妻子和家人。這趟路道阻且長，充滿危險。戰後的社會非常混亂，即使他真的回到老家，家人也可能早已離開，或者早就死在惡徒手下。他的曾曾孫女塔拉娜．柏克（Tarana Burke）說，「每次我聽到這個故事，都會想他哪來的勇氣？他不擔心路上被白人暴徒抓住殺害嗎？不擔心家人早就不在了嗎？所以有一次我問奶奶，曾曾祖父為什麼敢踏上這趟旅程。奶奶只說了一句話：『因為他必須相信前方存有希望』。」[47]

塔拉娜如今發起了另一項運動，希望打破幾百年來對性騷擾與性侵的默不作聲，這項運動就是Me Too。[48]她經常引述那些讓她發起運動的可怕數據：每年都有四分之一的女孩和六分之一的男孩遭受性侵，跨性別女性則絕大部分都被性侵過。原住民女性與身障人士受到性暴力的機率不成比例地高。百分之六十的黑人女孩在十八歲之前曾遭受性暴力。[49]

來自紐約市布朗克斯區的塔拉娜，近三十年來都在用社運跟組織來幫助邊緣青少年。「Me Too」的起源來自她之前在阿拉巴馬州某個青少年營工作的時候，遇到的十三歲女孩，那天女孩私下找她，說自己遇到了性暴力。塔拉娜當場愣住不知所措，雖然想要幫忙，卻又不知道該怎麼做，只好把她轉介給其他人。「當時我還沒準備好。」塔拉娜說。後來那個女孩再也沒有回到營隊，塔拉娜永遠不知道她後來發生了什麼。塔拉娜對此耿耿於懷，不斷一遍又一遍地質問自己「當時我為什麼不敢說『我也遇過』（me too）呢」？[50]

所以二〇〇六年，塔拉娜做了。她在社群網路 Myspace 上開了 MeToo 的頁面，於是這場運動開始擴大，逐漸獲得關注。但直到二〇一七年十月，這場大火才真正開始燎原，當時製片人哈維．溫斯坦被指控多次性侵不同對象，於是 MeToo 在一些名人的推廣下，在社群媒體上快速走紅。[51]演員艾莉莎．米蘭諾（Alyssa Milano）在推特上說，「如果每個被性騷擾或性侵的女性都把狀態改成『MeToo』，社會可能就會注意到這個問題有多嚴重。」[52]沒過多久，世界各地都出現了無數的 #MeToo 故事。塔拉娜說：「這場運動讓我們看到，同理心是多麼無遠弗屆。」[53]

站出來反對惡行，會讓你獲得改革社會的力量，並且經常會獲得其他人的崇拜。所以如果一切理想，我們當然應該勇於發聲，絕不放過任何一個重大惡行。但很多時候即使是最勇敢的人，也不可能冒著丟掉性命、工作、社交上的風險，直接說出自己的想法。很多公開反對性騷擾的女性，都擔心自己與家人的安全，公開指控比爾．歐萊利（Bill O'Reilly）性騷擾的溫蒂．華許（Wendy Walsh）就說，「我擔心我的孩子，我擔心有人報復。我知道男人生起氣來會做什麼。」此外，很多人都無法承擔仗義直言之後丟掉飯碗的後果，只能被迫「跟主流一起保持沉默」。[54]

但這並不表示沉默是唯一選擇。絕對不是！

我們只要做一件事，就能跳脫之前提到的共識陷阱：對所有看起來像是共識的觀點，都帶著一點懷疑。只要播下一小顆懷疑的種子，就能讓大家開始思考所謂的「共識」會不會只是假象。例如你可以說「我自己還不能肯定」、「這種說法的確很重要，可是像——的觀點好像也說得通」。如果你要提出其他意見，你也可以用「我之前聽一個朋友說過」、「之前在一個地方讀過」之類的句型，讓大家不要直接把炮火朝向你。這些方法可以讓你知道自己不用一直沉默下去，也能讓其他不敢開口的人找到共鳴。很多時候，只要一小撮異議的火花、一兩句不完全贊同的意見，就能打破沉默的高牆，讓其他人共同發聲。

還有一件事也很重要：請記住，提出異議未必會讓所有人都開始圍攻你，而且很多時候情況剛好相反。還記得那個討論如何處置少年犯強尼．羅柯的實驗嗎？大多數的人聽到「異議」之後都沒有立刻排擠異議者，而是試圖說服他回心轉意。很多時候，提出異議都是確認其他人立場的好方法，如果這時候大部分人真的都偏向某一種觀點，我們就能確定該觀點真的是主流意見（當然，這不表示你要贊同。只是讓我們確定這種「共識」大概不會是集體幻覺）。但如果你提出異議之後，發現有些人開始站在你這邊，你就知道自己之前其實一直卡在沉默螺旋裡面，該跳出來了。

當然，這招也有一些但書。提出質疑的時候，真誠很重要。發表一項自己並不真心相信的看法，對討論沒有幫助。提出異議的目的，是幫助其他人突破門檻說出真心話。此外，我們也應該跟那些傑出的辯論家一樣，知道反方的觀點通常多多少少有點價值。如果你在某些很關心的議題上，發現主流觀點都在胡扯，那麼為什麼不說出你心底的想法？

如果你擔心人身安全或失業，你可以匿名投書，或者找一群意見相同的人共同發表。很多時候攸關重大的問題都是這樣才得以改變。下次你在保持沉默的時候，檢查一下自己是不是在擔心上述提到的因素，思考一下自己到底是因為什麼才決定放棄不說。

打破沉默的封印，可以讓我們知道群體的立場。開出第一槍，可以讓其他人一起打破幻想中的高牆。然後我們就能更真誠地討論問題，探索真相，找到角落裡潛藏的其他集體錯覺。最後，每個人都會從討論的過程中知道，自己該不該繼續服從。此外，我們也會在這段過程中，更誠實地說出自己的看法，並讓更多人一起這麼做。當某種意見乍看之下很主流，我們很容易以為自己得面對一整個群體，因而感到孤立無援。但很多時候，只要有一個人開始說真話，就能打碎既有的集體錯覺，並使大家逐漸認知到真相，防止新的錯覺再次產生。

Part

Two

社會困境

我們無法只為自己而活。我們每個人之間交織著上千條無形的細線。生活中的每一項行為都會從這些線傳向彼此，引發共感，然後再傳回來影響我們。

赫爾曼・梅爾維爾（Herman Melville）

Chapter 4 小小變色龍

我們被從眾的天性折騰得半死不活，不過如果沒有這種天性，我們大概早就死了。

——查爾斯．華納（Charles Dudley Warner）

下面有兩張圖片。你覺得左方圖片裡的線條，跟右方的哪一條線一樣長？

答案好像很明顯吧。

但你跟其他七個人坐在同一個房間裡進行實驗。研究者拿這兩張圖給你們看，依序詢問每個參與者，左邊的線跟右邊哪一條線同樣長。你是最後一個回答的。你左看右看

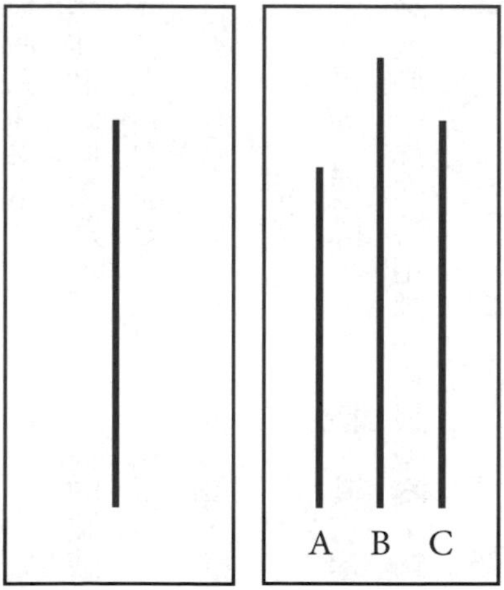

答案都是C，但在你前面的人，卻一個接著一個說答案是B。

你忍不住皺著眉盯著兩張圖片。搞什麼？是他們的腦袋都壞了，還是你的眼睛壞了？前面七個人全都看錯？這不可能吧！研究者來到你前方，你變得不知所措。到底要跟著大家的判斷，說答案是B？還是堅持自己眼睛所見，跟大家對著幹，硬說答案是C？

沒錯，其實這就跟大部分的心理學實驗一樣，研究者隱瞞了一些事情。其實房間裡的其他七個人都是研究者的暗樁，研究者請他們全都回答相同的錯誤答案，讓正確的答案看起來不要那麼理所當然。

不過問題來了：如果只有你一個人看到真相，那真相還算是真相嗎？我們通常會說「當然算」，畢竟真相不會向任何人低頭。但心理學家所羅門．阿希（Solomon Asch）在一九五〇年代發現，事情並非如此。

他找了一百二十三位大學生，來作上面提到的這個著名實驗，每個人都跟其他七位暗樁坐在一起，連續看好幾組圖片，回答圖片中的哪兩條線一樣長。實驗結果顯示，受試者回答的答案，整體大約有百分之三十七跟暗樁的錯誤答案相同；而在整場實驗中，大概有三分之二的人，至少跟著暗樁回答了一次錯誤答案，只有一小撮人始終每次都堅持回答正解。阿希認為，這表示那些屈服的人「一定在擔心什麼，必須不惜一切隱藏起來。他們為此努力融入主流，卻沒發現到這對自己的長期傷害」。[1]

更有趣的是，實驗結束之後，所有受試者都低估自己屈服的頻率。更奇怪的是，很多人竟然發誓說，自己看到的東西真的就是其他人說的那樣。這讓阿希覺得更詭異了，這些人究竟是被迫回答錯誤的答案，還是認知被其他人影響，看到錯的東西？可惜阿希在找出答案之前就去世了。[2]

多年之後，埃默里大學的精神病學兼神經科學家格雷戈里．柏恩斯（Gregory Berns）在二〇〇五年把阿希的實驗重作了一次，但加入了阿希的時代還不存在的功能性磁振造影。這種新科技，可以讓柏恩斯當下知道受試者的大腦，在他們作決定的時候發生哪些變化。結果柏恩斯發現，每當受試者跟著其他人答出錯誤答案，腦中負責強化和獎勵的部位就會活化；每當受試者堅持獨排眾議，腦中跟負面情緒相關的杏仁核，就會送出一個「錯誤警告」，讓受試者覺得不舒服。最有趣的是，那些從眾的受試者，腦中的視覺系統真的發生了變化，表示他們看到的東西可能真的有改變。所以也許真的有一些受試者答出了「眼中」看到的扭曲事實。某些專家稱這種現象為「受控幻覺」（controlled hallucination）。[3]

阿希和柏恩斯發現，我們人類天生就會跟著群體走，所以很容易第一時間掉進從眾陷阱。根據目前已知，人類是地球上最熱中於社交的生物。這種強大的社交傾向，讓人類這個物種發展出首屈一指的合作規模，並且不斷成長茁壯。但這種社交傾向，也讓我們很容易為了融入社會，而不相信親眼看到的東西。社交傾向寫在我們的基因之中，無論我們是否願意，我們都會一直與別人的行為比較，都會照著其他人的方式做事。這就是我們很容易陷入集體錯覺的原因之一。所以如果我們要跳脫從眾陷阱，就得先了解它是根據哪些社交本能。

猿猴跟嬰兒哪個強？

下列哪種生物比較擅長使用工具、判斷兩堆玩具哪一堆比較多，以及尋找隱藏的獎勵？是剛滿兩歲的人類幼兒、成年的黑猩猩，還是成年的紅毛猩猩？

人類幼兒嗎？不對喔。

科學家比較過這三種生物的能力，發現人類幼兒跟其他兩種靈長類，在關於這種外在問題的測驗中得分差不多；但在涉及交流或猜測他人想法的測驗中，得分卻是成年黑猩猩與紅毛猩猩的兩倍。研究者認為，這表示我們人類適應物理世界的時候未必比其他靈長類更聰明，但在學習與社交能力上明顯高過這些猩猩表親。[4]

不過，這些社交技能是怎麼演化出來的？人類學家認為，我們的祖先在大約兩百萬年前的採集漁獵世界中，跟自己的大家庭一起集體生活，藉此抵禦掠食者、獲得食物與資源，並撐過了許多難以預料的衝擊。[5]這段過程也讓我們的祖先發展出一種與近親黑猩猩相當不同的時間感，以及談論時間的方式。至少據我們所知，黑猩猩不會討論去年夏天有多熱，也不會詢問下週是否會下雪。[6]

然後我們智人開始發展出複雜的語言，差距開始一日千里。從此之後，我們即使手裡沒拿著東西，也可以討論事情：「這種漿果可以吃。這種刀可以剝獸皮。去那裡就有水。這樣打石頭就有火。」我們開始想像過去跟未來，開始根據別人的行為猜測對方的意圖。我們的社會變得越來越緊密，我們的大腦也跟著越變越複雜。[7]

然後經過數千數萬個世代之後，我們跟社交相關的神經網絡已經長成黑猩猩的三倍大，成為強大的社會性大腦。此外，我們也開始傳承知識。[8]我們開始理解抽象符號，我們在洞穴中畫出奔跑的駿馬與野牛，我們開始進行複雜的葬禮儀式，我們開始和鄰人一起解決越來越複雜的問題。這就是文化和宗教，它將我們共同的願望連結起來，開始思考「生命是什麼」、「我為什麼在這裡」。

而在回答這些問題的過程中，我們人類成了地球上最強勢的物種，因為我們剛出生不久就是交流專家。

模仿的本能

你看過馬兒或長頸鹿出生的影片嗎？這些動物的嬰兒才剛從產道出來，全身羊水濕答答的，為什麼可以自己站起來？然後牠們的媽媽在旁邊舔一舔、幫牠們喬一下姿勢，不到一個小時牠們就開始會走會跑。因為奔跑是牠們的本能，如果幼獸出生之後不能移動，大概很快就會被掠食者吃掉。

我們人類沒有這種能力。大多數的嬰兒要到了六個月大才開始學會爬，大概一歲左右才開始會走路。我們是全地球嬰兒期最長的動物，出生後仰賴其他成獸生活的時間比待在子宮裡還久。這跟我們演化成雙足步行有關，在演化的過程中，我們的大腦跟頭部越來越大；但臀部的構造，卻讓嬰兒頭部大到一定程度之後就無法通過母親的骨盆，所以我們只好變成早產兒，在發育到一半的時候先出生，然後多花一點時間依賴其他人。但這種尷尬換得了異常巨大的大腦，我們成為了學習新知、適應各種環境的專家。

我們從出生的那一刻起，用所有感官緊緊抓住身邊的人。我們一出生就開始無助地大哭，因為我們要在好幾週後，才能支撐自己的頭部和自己移動手臂，更要等好幾個月之後才能用其他方法告訴別人自己餓了、累了，或大小便了。所以在那之前，我們哭就對了。只要旁邊的照護者夠有愛心，交流過程就會讓嬰兒和成人都產生重要的催產素，使得成人想要保護嬰兒，讓嬰兒覺得安全舒服。然後不用多久，嬰兒就會開始辨認照護者的臉部表情，開始模仿他們。於是成人的微笑帶來嬰兒的微笑，成人的動作帶來嬰兒的動作，在一次次的互動中，紐帶越來越緊密。[9]

這種模仿本能對於社會互動非常重要。[10]我們就算毫無自覺、毫無理由，也會在神經的驅使下本能性地想要模仿他人。為什麼會這樣？

答案可能跟腦中的「鏡像神經元」（mirror neuron）有關。只要我們看到別人在做一些事情，這些神經細胞就會啟動，[11]它不僅讓我們能夠彼此模仿，還讓我們能夠理解和感受其他人的經歷，[12]它讓我們一邊了解他人的狀況，一邊讓我們的身體不自覺地開始依樣畫葫蘆。[13]即使在完全無意識的狀況下，只要看到某些動作，大腦也會叫肌肉準備模仿。這種能力讓我們只要觀察他人就能快速學習，同時也建立了彼此的社會聯繫。沒錯，模仿是最真誠的恭維。

我在華盛頓大學的同行安德魯．梅哲夫（Andy Meltzoff）從嬰兒的模仿過程了解我們如何學習。他的團隊找七十位十四個月大的嬰兒，坐在母親的腿上，供實驗測量大腦活動。研究人員在嬰兒面前放了一個透明塑膠圓殼的玩具，然後坐在嬰兒對面，當研究人員用手或腳碰一下圓殼的殼頂，玩具就會播放音樂，在圓盒中吹起五彩繽紛的紙屑。

他們發現，只要研究人員用腳觸碰這個玩具，嬰兒大腦中連接感覺與運動的皮層就會活化。當研究者用左右手觸碰，嬰兒則是連大腦中處理相應動作的腦區都會一起活化。也就是說，嬰兒的大腦把研究人員的手腳跟自己的手腳連接起來，看到成年人做什麼動作，自己就會打算做出什麼動作。梅哲夫說，「嬰兒在你眼中看到他們自己」。[14]接下來隨著嬰兒逐漸長大，知覺與運動之間的連結會越來越強。[15]於是照護者與幼兒之間的互動，讓雙方不自覺地持續彼此模仿，在模仿中互信互愛，並且不斷主動交流。

這種模仿本能即使在長大後也不會消失，而是成為我們的一部分，常見到擁有自己的名字：變色龍效應（chameleon effect）。變色龍會根據周圍環境改變身體的顏色，我們也會根據別人的行為，做出一樣的行為。我們的跳舞、寫字、丟球、使用刀叉、用語言表達意見，以及許多各種不同的行為，都是這樣學來的。

我的朋友珍妮就有個類似的經歷。珍妮是歌手，擁有強大的「錄音能力」，聽到什麼新旋律都能立刻掌握，還靠這項特長學了好幾國外語。她幾年前去了愛爾蘭的高威（Galway），一週後講話就滿口高威腔，「愛爾蘭」講成「歐爾蘭」、「厄運」講成「奧運」、「阿拉巴馬」變成「奧拉巴馬」，而且字尾的 t 音突然都咬得非常確實。

「喂，妳口音怎麼變這樣？」我忍不住問。

珍妮大笑，「牟啦，偶聽太兜他們講話。」

但是不到一天，她的美國口音就回來了。後來聊到的時候她說，「旅行真的會讓我產生社交混亂。每次從外地回來，我都不確定要到什麼時候，用什麼方式，才能知道哪個我才是真正的『我』。」

你很可能也看過，甚至自己經歷過這種社交混亂。雖然我們經常把它當成社交、交友、發現自我的過程，但其實這種現象表示我們像變色龍一樣，會不斷根據社會和物理環境，自動改變我們的「色彩」。

關於變色龍效應，紐約大學在一九九九年做了一個很經典的實驗。研究人員讓兩位受試者輪流看十二張彩色照片，每看完一張就分享自己看到了什麼。（對，就跟你想的一樣，其中一位受試者是暗樁。）他們對受試者說，這個實驗是心理測驗；

但實驗真正的目的，其實是要看受試者的行為會被暗樁影響到什麼程度。首先，暗樁會先看完一張照片，分享自己的解讀，包括照片中人物的情緒以及可能的故事，例如「這個男人抱著吉娃娃。吉娃娃的腿上了石膏，好像是斷了……這男的似乎人很好，所以他會不會是看到狗狗很痛苦，就帶去看醫生」。暗樁講完之後，受試者就會看另一張照片，並分享自己的看法。兩人輪流進行，直到十二張全都看完。接下來受試者會跟另一位暗樁再進行一整輪，然後實驗就結束。有趣的是，暗樁在實驗中都會不時抖腳或揉臉，而在兩輪實驗之中，其中一輪的暗樁會盡量避開受試者的眼神，並且不會對受試者微笑；另一輪的暗樁則會一直進行眼神交流，並且不斷微笑。

做實驗的是紐約大學的譚雅・查特蘭（Tanya Chartrand）和約翰・巴奇（John Bargh），他們發現無論暗樁是否微笑，大約都有三分之一的受試者會模仿抖腳和揉臉的動作。兩位研究者認為，這表示即使我們乍看之下沒有任何理由進行交流，依然會下意識地模仿別人。

變色龍會偽裝很合理，這才能讓一隻小蜥蜴躲開熱帶雨林裡各式各樣的掠食者。但人類的模仿呢？查特蘭和巴奇認為，我們的模仿也是一樣，是為了提高生存優勢。他們後來又做了一項實驗，反過來讓暗樁模仿受試者的行為，發現被模仿的人比那些沒有被模仿的，更覺得互動過程流暢而舒適。簡單來說，我們喜歡被人模仿，當有人模仿我們，我們就覺得他們離我們更近。模仿啟動了某種「社會黏合劑」（social glue），讓人類無論有意無意都彼此相連，藉此更能應對嚴苛的自然環境。[16]

青少年在這部分最明顯了。他們總是用同樣的姿勢揮手、用同樣的角度扭頭、用同樣的腔調講話，簡直就像是某種魚群。這種行為從嬰兒一路到成人都是條件反射：只要我看到你在微笑，我就會微笑。而當我們彼此模仿得越來越多，我們就越來越想彼此照顧，彼此滿足了青少年心底的渴望。這種模仿本能非常厲害，例如研究發現，你只要在遇到陌生人之前，先遇到另一個很有禮貌的人，之後你就很可能禮貌地對待這位陌生人。[17]

但這種本能也會帶來一個麻煩：我們連別人的慾望都會下意識地模仿，然後把我們自己困住。

你要的東西我也要

你走進一家電影院，慢慢走向零食區，奶油爆米花熱騰騰的香味撲鼻而來，讓你想到就流口水。但就在你打算掏錢買一包小份爆米花和幾支扭扭蠟燭糖之前，無意間在櫃檯看到一碗墨西哥玉米片，金黃色的玉米片上淋著閃亮亮的起士。然後排在你前面的兩個人，都點了墨西哥起士玉米片，你不禁歪頭望了望，燈火通明的保溫箱裡面現在只剩一碗玉米片了。

你走到結帳檯前，「一碗玉米片，一份扭扭蠟燭糖，謝謝。」你遞出信用卡，聽到隔壁的櫃檯對顧客說「抱歉，玉米片賣完了」，心底忍不住得意洋洋。等一下，你本來不是要吃爆米花的嗎？為什麼短短幾分鐘之內就轉向了玉米片，而且刻意搶走最後一碗？玉米片快要賣完，明明就是你幾乎不會注意到的雞毛蒜皮小事，你這麼在意幹嘛？

這就是法國歷史學家兼哲學家勒內．吉拉爾（René Girard）的研究主題。他花了大半輩子在浩瀚的歷史長河中尋找線索，思考這種「模仿而來的慾望」（mimetic desires）是怎麼回事，為什麼我們會想要那些，我們覺得別人想要的東西。

我們之所以會有「模仿而來的慾望」，是因為神經系統讓我們自然而然地想要模仿彼此。即使眼前只是在比較幾個毫無意義的抽象符號，當我們選擇那些比較受歡迎的符號，大腦依然會給予獎勵。[18]耐吉就是這樣紅起來的，它找麥可．喬丹這種我們認可的體育明星來代言球鞋，讓我們每次把錢花出去，就從大腦系統獲得一點獎勵。並讓我們穿上這些高級球鞋時，會覺得自己能夠跑更快、跳更高。吉拉爾甚至認為，我們光是看到別人渴望某個東西，就會誤以為自己也想要那個東西。於是大腦就下意識地想跟對方搶奪，最後就真的搶了起來。

舉個例子：哈莉跟維多在玩具店幫各自的孩子買禮物。哈莉在打量某隻絨毛長頸鹿的時候，發現維多也在看，於是擔心了起來，趕緊把長頸鹿放進購物車。維多到底有沒有看上那隻長頸鹿？不知道。但因為哈莉出了手，她跟維多搶長頸鹿的行為就成了事實。這就是問題，我們會跟想像出來的對手競爭。[19]所以無論我們多想盡量做自己，我們還是會搶走最後一碗玉米片、糾纏在三角戀情當中，或者無腦追時尚。

模仿彼此的慾望會產生兩種結果，一種很好，另一種不好。當你我兩人都想要某個可以共享的目標，我們就會一起追求，但不會把彼此當對手，這時候那個目標就成了我們的共同願景。[20]某些時候，共同的願景會讓我們更理解彼此，並且感到安全。宗教就是個好例子，我們會彼此擁抱、一起唱喜愛的古老歌曲、在腦中分泌催產素，體會彼此的愛與感覺。這種共同的願景，會讓我們能夠用對方的立場思考事情，重視彼此的情緒與慾望；同時也能理解到彼此的差異，接受彼此看到的洞見。[21]

但如果我們想要的東西無法分享，道路就會變得黑暗，我們就會把彼此當對手，開始競爭，甚至暴力相向。自從《十誡》的「不可貪婪」以來，西方文明就一直把這種欲望視為禁忌：兩個嬰兒為了搶玩具而打架、兩個家長爭奪孩子或狗的監護權、兩個鄰居為了一小塊地吵得面紅耳赤、兩個政黨彼此妖魔化、兩個國家為了某種有限資源而開戰。只要我們想要的東西不夠多，我們就會彼此搶奪，我們爭奪得越激烈，那個東西看起來就越珍貴，於是我們就更用力去搶。這種機制甚至還讓很多美國人用零和思維想事情，以為難民和移民會搶走自己的工作機會和財產，因而對他們帶有敵意。[22]

吉拉爾發現，打從有史以來，人類就很容易因為看到別人想要某個東西，而跑去競爭那個東西。從出生到死亡，社會本能都讓我們彼此相連、彼此模仿、彼此比較。這嚴重影響了我們，我們不僅會根據心中的信念決定怎麼做事，也會根據別人的做法來決定自己要成為怎樣的人。

越是比較，越是痛苦

我一九九六年剛進大學的時候，就像小魚初次游進大海。我讀的是猶他州的韋伯州立大學（Weber State University），它成立於一八八九年，位於鹽湖城北部的瓦薩奇山脈旁，從各地吸收大約二萬四千名學生，只要高中畢業或有同等學力文憑都可以申請，學生四年內平均畢業率為百分之十二。[23]我入學時，平均學費大約只需六千美元，我的家人朋友湊出來的微薄資金支付得起。

於是我開始一邊上夜間部，一邊犧牲睡眠到處打工，用各種最低工資的工作來維持生活。此外，雖然我高中時期成績不好，但還是硬著頭皮參加各種密集課程，結果竟然發現自己的文筆一直被心理、歷史、英語系的教授稱讚。在那之前，我從來不覺得寫作是我的強項，所以有點受寵若驚，但等到畢業之時，我已經覺得自己是一個不錯的作者。

然後不可思議的事情發生了：哈佛大學接受了我的研究生申請！你完全可以想像當時我有多震驚，滿腦子都在想「錄取我？開玩笑吧！」當然，我們還是把握了這個機會。我們家幾乎沒什麼錢，所以連路上的旅館都睡不起，只能開著一臺廂型車跨越整個美國前往波士頓。進入麻州的時候，我拿出支票想要支付一點五美元的通行費，當然被拒絕了，只好掏出僅有的現金，使得進城時口袋只剩幾枚硬幣。更慘的是，我們到了波士頓才知道在這個城市開車有多危險，才不到幾天，車子就在事故中撞到全毀，我三歲的兒子大腿骨骨折。好喔，原來這就是波士頓。

總之我住進了哈佛學生宿舍，沒有錢，沒有朋友，而且還得照顧兩個吵個不停的孩子。我完全不知道該怎麼辦，每天都神經緊繃。每次走進爬滿常春藤的磚牆校舍，看到身邊的同學打扮得光鮮亮麗，我就覺得自己是個騙子，根本不應該出現在這裡。我不斷問自己：我來這種地方到底能幹嘛？而且如果其他人發現我不夠格，我該怎麼辦？

但最後我還是跟自己說，「算了啦，至少我很會寫文章。」

結果剛上第一堂課就出包了。那堂課的教授是全校最有名的大師，第一篇報告要我們討論人類認知與符號發展過程。我花了整整三週用盡全力研究，最後信心滿滿地把報告交出去。我認為自己寫得很好，教授應該會相當滿意。

結果報告發回來，分數欄上面寫著「C+」。而且更慘的是，教授在第一頁的空白處直接說：「從目前的結果看來，我懷疑你的寫作能力可以駕馭這堂課的主題。」

我從教室一路哭著走回家。我的自尊徹底崩毀，覺得犯下了天大的錯誤，以為自己可以靠這種三腳貓功夫在這裡混下去。我甚至認真想過退學。但後來，我遇到一個寫作導師，她外表看起來只有十五歲，專門幫忙寫作有障礙的大學生，她帶著我開始練習，無論遇到什麼困難都不離不棄。到了學期結束的時候，我在教授的課堂上拿到了A。

這項充滿困頓的經歷，讓我學到一件其實極為簡單的事：我們眼中的自己都是跟社會比較而來的。你可以問「我寫作能力如何？」，但答案取決於你跟誰比。在韋伯大學的我相當多產，教授認為我把字詞與段落組合成論證的能力相當優秀；在哈佛大學的我，寫作能力比大多數的人還差。體育也是，我的籃球技巧跟中學生比應該不錯，但在勒布朗．詹姆斯（LeBron James）這種NBA頂尖球員面前大概只是嬰兒。我十幾歲的時候，在撐竿跳比賽中拿到不錯成績，但我爸在大學時代是校際冠軍。也許你認為自己是世界上最完美的人，因為你媽從小到大都一直這樣告訴你，但現實世界並非如此。

所以呢？我們到底該如何衡量自己？

這就是提出「認知失調」概念的社會心理學家里昂．費斯廷格，在一九四〇年代末剛踏入學術界時研究的主題。他認為我們通常都會想要知道自己的意見是否正確、想知道自己跟別人相比有多強。在研究之後，他發現雖然我們會盡量用客觀標準來衡量自己的意見跟能力，但如果找不到客觀標準，就會退而求其次，觀察別人給出的各種資訊。[24]這種時候，我們會本能地用別人的反應來判斷自己的各種屬性，從腳掌的大小，到心中的感覺，甚至是智力的高低。然後再用這些判斷去改變自己的行為，以及對世界的理解。

有些時候你會像我讀研究所的時候一樣，知道自己在跟別人比較。但很多時候，我們也會不自覺地解讀環境中的資訊，這時候大腦也會發生一樣的事情。我們如何用別人的表現來衡量自己，其實會影響大腦會不會給我們獎勵。我們下意識與他人的比較，也會影響我們認為未來會發生什麼事，自己該作出哪些行為。無論我們想不想要，只要我們看見別人的表現，都會自動拿來跟自己比較。這種完全無意識的心理過程，其實一直都在第一時間直接影響我們的推理和決策。[25]

二〇一〇年有個實驗把這個機制證明得很好。他們請受試者來幫忙研究「觀影體驗」，並讓受試者在看電影前自己從櫃子上拿零食，結果發現受試者所拿的零食種類和數量，和他們所處的社會環境密切相關。如果受試者看到暗樁拿了一大堆零食，他們自己也會拿得更多；如果暗樁拿得少，受試者拿得也少。更有趣的是，其實受試者在拿完零食之後，就進入自己的房間看電影，根本看不到暗樁實際吃了多少零食，但受試者無論拿多少零食都會全部吃光光，甚至因此吃了兩倍以上的零食。也就是說，受試者不但因為暗樁拿了很多零食，而在當下拿取更多零食；之後還會因為他們相信暗樁吃了很多零食，自己也想吃更多。[26]

這種比較的本能讓我們對獎懲機制非常敏感，很多時候會讓我們陷入泥濘。當我們覺得自己贏過別人，大腦中跟獎勵相關的部位就會活化，釋放多巴胺和催產素。而臉書這種社群媒體上的「讚」就像一種獎勵，所以很多人都一天到晚在意自己得到多少個「讚」。[27]某種意義上，我們全都多巴胺上癮。

另一方面，當我們覺得自己表現不佳，大腦會釋放鴉片類物質，讓我們不覺得痛。[28]而很多時候，這種機制都會讓我們墮入邪惡。它會讓我們為了自我感覺良好，而刻意貶低別人，甚至傷害別人。此外，當我們的形象受到威脅，就很容易覺得自己很高尚，對方很低劣。我們藉此感到優越，並且觸發大腦中的獎賞系統，產生贏錢或贏得比賽的那種爽感。[29]

更誇張的是，很多人甚至願意犧牲自己在乎的東西來獲得優越。一九九五年，研究人員在哈佛公衛學院找了二五七名教職員工和學生，拿一系列問題問他們願意生活在怎樣的世界中。問題有很多道，以下是其中之一：

世界 A：你每年賺五萬美元，其他人賺兩萬五。

世界B：你每年賺十萬美元，其他人賺二十萬。

附帶一提，兩個可能世界的物價都跟現在一樣，貨幣的實質購買力當然也一樣。

如果拿這個問題問你，你會怎麼選？

你選擇A嗎？恭喜你，百分之五十六的受試者也都這麼選。他們都選擇了一個讓自己賺得比別人多，口袋裡的錢卻比較少的狀況。也就是說，對大部分的受試者而言，優越感比錢還重要。[30]

這個實驗告訴我們，與他人比較的天性會讓我們變得多自私，會讓我們為了感覺良好，而作出一些傷害別人的事情。在南方長大的詹森總統（President Lyndon Johnson）很清楚這種黑暗的傾向會被如何利用，最明顯的例子就是種族歧視。比爾．莫耶斯（Bill Moyers）說，他在年輕時跟著詹森前往田納西州：

詹森在車隊進行途中，看到告示牌上塗鴉著惡劣的種族歧視標語。當晚，在當地政要喝完最後一瓶波本威士忌跟礦泉水離開旅館之後，他聊起白天那些標語。「我告訴你這是怎麼回事。你只要有辦法讓那些最慘的白人，相信自己比最強的有色人種更優秀，他就會把口袋裡最後一分錢掏給你。幹，他們只要覺得有人比自己更低劣，就算你把他的錢偷光了，他也不在乎。」[31]

更可怕的是，我們不只會把自己跟其他個體比，還會把自己跟整群抽象的人比，而這會讓我們一瞬間掉進集體錯覺的無盡深淵。

還記得本書引言的食物偏好故事嗎？受試者為了融入同儕，而改變了自己的喜好。在二〇一五年進行這項實驗的史丹佛研究者表示，我們之所以會迎合他人，是因為每當我們同意別人的觀點，大腦就會感到滿足。[32]而且即使我們並不真正知道別人的觀點，只要我們覺得自己的觀點跟他們一樣，我們的神經就會給予獎勵，甚至讓我們放棄自己的利益。[33]所以當別人在感恩節大餐吃了一大坨蘿蔔泥，你即使不喜歡吃，也會逼自己吃下去；而且有趣的是，那個吃蘿蔔泥的人可能也是這樣，大家都在為了迎合想像中的他人，而忍受苦澀的蘿蔔泥。

當然，還有很多其他因素，也會讓我們為了適應群體而改變自己的觀點和行為。這點阿希和柏恩斯也知道。我們改變做法，有時候是為了檢查自己有沒有搞錯事實；有時候是為了像祖先一樣，為了在部落裡活下去而追求社會認同；有時候則是為了維持自尊。但無論如何，這都會給我們重要的歸屬感。我們只要發現自己跟同儕一樣，就會得到獎勵；只要發現自己特立獨行，就會覺得自己出了問題，想要修正。

同儕的社會影響力，有時候甚至可以凌駕常識和經驗事實。烏干達的蚊帳研究就是個有趣的例子，在有瘧疾的地區，睡覺時躲進蚊帳很合理；而且實證研究也顯示，睡在蚊帳裡可以有效防止瘧疾傳播。但在某些地方，即使家家戶戶都可以領取免費的蚊帳，還是有很多人不去使用。於是研究者訪問了八個烏干達農村，發現人們使用蚊帳的意願，跟他們對其他人的想像密切相關。相信大部分村民都睡在蚊帳裡的人，本身願意使用蚊帳的比例，幾乎比不相信的人高出三倍。此外竟然有百分之二十三的人，以為大部分的成年村民晚上都不使用蚊帳。總之研究人員發現，當地有三分之一的受訪者完全搞錯，或者不確定其他人到底是否願意使用蚊帳。[34]

但還記得引言中的湯瑪斯定理嗎？虛幻的想像會產生真實的效果，村民因為誤解他人而不使用蚊帳，結果破除誤解，開始使用之後，瘧疾病例減少了將近百分之七十。[35]集體錯覺再次釀出的悲劇：錯誤的感知扭曲了個人的判斷，讓無辜的人染疫死亡。

不過這邊要提醒一個重點：集體錯覺之所以能夠出現，是因為人心隔肚皮，我們在跟群體比較時，永遠無法確定其他人真正的想法。所以無論我們的揣測錯得多離譜，都可能會化為現實。

還記得前一章開頭的那個臉蛋吸引力的研究嗎？即使「主流意見」只是虛構的數字，還是會讓我們想要迎合；而且我們的個人認同跟社會認同緊密相連，大腦根本無法區分兩者。接下來我們會看到，這些機制不僅會讓我們迎合當下的群體，甚至還能讓我們不經意地被九泉之下的祖先幽靈影響。

Chapter 5 昔日陰魂

我總覺得我們身上盤據了太多幽靈……父母留下的那些遺緒，社會留下的那些回音，都縈繞著我們。那些早已死亡的思想，那些了無生氣的信念。它們早就失去了活力，但卻緊緊抓著我們不放，怎麼也無法擺脫。

——易卜生（Henrik Ibsen）

一九八六年六月的一個溫暖的夜晚，我學會了用叉子吃豌豆。我不懂自己為什麼要學這個技能，豌豆用湯匙挖不是比較方便嗎？但別人叫我學，所以我就學了。

那天，我們鎮上三十個六年級的農家孩子，排著隊走進教堂的體育館，參加一年一度的「西餐禮儀聚會」。每個人都穿上超不舒服的週日禮服，去跟那些比我們更優秀的人一起用餐。沒有人問過我們的意願。

大人把體育館布置得像高級餐廳，在六張摺疊圓桌上披著白色桌布，在中心擺上花卉，在每個人的座位上放著一副蕾絲桌墊，擺上兩支分別裝水和酒（當然是葡萄汁）的杯子，一張白色的棉質餐巾，看起來煞有其事。除此之外當然還有各種尺寸的餐盤，以及大大小小的銀製餐具，例如開胃餐叉、大湯匙、甜點匙之類。

我們這些死小鬼什麼都看不懂，根本搞不清哪把刀該用來抹奶油，哪把刀用來切食物——當然，更不可能知道該用哪把刀把豌豆放到叉子上。

這整個臨時餐廳的正中央，是體育館原本的籃球架，當天的導師「瓊斯夫人」就坐在那裡。她穿著一件亮麗的印花洋裝，正經八百地坐在凳子上，看著我們在桌前一個個安靜下來。

打從第一道菜開始，附近的女士就一邊幫忙上菜，一邊嚴格地檢查我們的一舉一動。

我從剛坐下來就對這一切感到很不耐煩，當眼前出現小碗的番茄湯，以及跟奶油塊一起端上來的小麵包，我便立刻伸手去拿。但我還沒拿到，手腕背面就被輕輕地打了一下，站在我身後的女士神采奕奕地揮舞著一把像是長尺的東西：「每個人都拿到菜之後才可以開動！」我滿臉通紅地退到椅背上，其他孩子全都盯著我看。

「好，」瓊斯夫人開始發號施令，「現在用右手拿起右邊最大支的湯匙，像握鉛筆一樣握住。」我們拿起了湯匙。

「伸出湯匙，從內向外舀起一匙湯，就像這樣——」她的湯匙在空中劃出一道優雅的弧線。

「一次不可以舀太多，否則會灑出來。舀好了嗎？現在把湯匙靠近你的嘴唇，喝的時候不准發出聲音！」

好不容易喝完了湯，我們轉向粉紅色小碟子裡的綠色沙拉。這次換成我對面的女孩被打了，「不可以用戳的！」她背後的女士斥責。

「一次咬一小口，嘴裡的食物還沒吞下去，就不要再咬東西！」

然後我想拿起酒杯喝葡萄汁，然後糗了。

我的酒杯擺在右邊餐刀的上面，可是我是左撇子，自然而然地拿起了左邊的酒杯，所以就拿到隔壁桌的了。好喔……

整頓飯就這樣一道接一道折騰，等到主菜，也就是雞肉佐馬鈴薯泥與豌豆，終於開始出餐的時候，我們早就暈頭轉向。咀嚼的時候要閉緊嘴巴？手肘懸空不准碰到桌子？浪費這些時間是在搞什麼啊？但附近站滿了大人，我只能像木偶一樣坐在椅子上，百無聊賴地看著擺在體育館牆邊的籃球架，任憑他們擺布。

然後我的主餐上桌了。「雞肉一次切一小塊，吃一小塊，」瓊斯夫人說道，「吃豌豆的時候，左手拿餐叉，右手拿主餐刀，用餐刀把豌豆串到叉子的背面。」等等……叉子的背面？要怎麼把豌豆串到那麼容易掉的位置？沒關係，我看到了馬鈴薯泥，拿豌豆沾一點把它黏上去。哼，別小看我。

那天晚上，大人在教堂的體育館裡告訴我們每件事情的標準答案：餐巾要怎麼摺、餐具要怎麼擺、雙手沒拿東西的時候要放哪裡。當時我完全忘了去問，二十世紀的美國農村小孩，為什麼要學這些白癡規矩？上教堂用不著這些，我們美國人的生活裡也沒有這些。吃個飯搞得像演戲一樣，幹嘛啊？

很久很久以前，人類是沒有餐具的，想吃什麼就用手抓。而且直到現在，世界上都還有很多非常禮貌的人在餐桌上用手抓食物。我們之所以會出現餐桌禮儀，只是因為某些人開始用刀子切，用湯匙舀。

在十世紀，中東的青英階級就開始廣泛使用叉子，而在十六世紀，它終於傳到歐洲。[1]義大利的貴族凱薩琳．德．麥地奇（Catherine de Medici），一五五三年來到法國嫁給國王亨利二世（Henry II），然後開始大張旗鼓教法國人怎麼用叉子。她在一五六〇年代巡幸法國各地，四處舉辦盛大的公開節日，讓當地的居民一邊吃免費的食物，一邊看她拿起刀叉湯匙，示範上流社會都怎麼用餐。她甚至自己訂出一整套餐桌規矩，強迫政敵在餐桌上照做，給他們下馬威。

法國朝廷對此相當不以為然，但凱薩琳手裡的叉子，盤子裡的朝鮮薊和冰淇淋這些新潮食物，還是深深影響了法國人的飲食習慣，甚至一路擴散到了全歐洲。[2]一六三三年，英國國王查理一世（Charles I）公開表示「用叉子吃飯才夠禮貌」，西方人對餐具的迷戀也達到了頂點，用手吃飯的習慣完全從上流社會的餐桌上消失。[3]

從此之後，餐桌就變成了把人分等級的工具。只有最尊貴的人可以坐在離鹽罐比較近的「上席」（above the salt），比較不重要的客人、家屬、屬下只能坐在「下席」（below the salt）。[4]當然，這些查理一世的習慣日後逐漸演變，但宮廷或文明社會的禮儀，至今依然像鞋底的口香糖一樣揮之不去。

當代的餐桌禮儀最明顯的特色就是什麼都有規則。如果這些規則都有目的，我們會遵循也很合理，但這些規則既不是為了保障衛生、也不是為了防止浪費，更不是為了品嘗食物的風味。我們繼續使用這些規則，全都只是為了顯示自己高人一等。

禮儀教學網站 EmilyPost.com 說得好：

吃飯是某種一級雷區。說錯一句話、擺錯一個動作，可能都會搞砸事情。因為商業晚餐以及那些跟重要人士一起的午餐，都會作出許多關鍵決定；社交宴會則是用來建立關係。如果你想跟同事、主管、客戶一起用餐，最好充分掌握用餐禮儀。[5]

簡單來說，在吃飯的時候，最好別當鄉巴佬。在過去，優雅的用餐習慣代表你是個貴族；但即使到了現代，我們依然用「得宜」的飲食禮儀顯得自己比村夫民婦更高尚。[6]

但是用叉子吃豌豆呢？英國人至今還經常用叉子背面壓碎豌豆，而不是用湯匙或叉子挖來吃，[7]不過無論怎麼吃，好像都不會影響你在跟美國人商務晚餐時的成敗，因為我們現在談生意的時候都改吃壽司、西班牙海鮮燉飯跟墨西哥捲餅。可是在下陶德．羅斯，小時候在猶他州霍珀鎮長大的時候，還是得像即將跟英國女王共餐一樣，努力學習吃豌豆。

每個人都是這樣

用叉子吃豌豆的故事，讓我想到一個關於魚缸的老笑話。魚缸裡的兩條小魚在游泳，一條老魚游過來說，「小朋友早啊，今天水質怎樣？」老魚離開後，其中一條小魚問另一條，「水？什麼是水？」

我們聽到「社會影響力」的時候，通常想到的都是最糟糕的形式，例如同儕壓力這種明顯的壓迫，或者電視廣告這類粗糙的操弄。這個詞通常不會讓我們想到社會規範，不會讓我們想到跟他人相處時所遵守的不成文規則，因為那些規則從一開始就在那裡，就像空氣一樣自然。我們對社會規範很有共識，幾乎從不質疑；但這正是危險所在：因為社會規範就是集體錯覺的主要來源。

我們之前說過，每個人一出生就有一種深層的渴望，想要模仿別人，想要融入群體，想要成為主流，而這些渴望讓我們嚴重仰賴社會規範。大腦中的灰質讓我們從一出生就和家人、朋友、部落緊緊綁在一起；社會規範中至今仍未探明的暗物質更把我們與不認識的人彼此相連，那種不可抗拒的無形力量就像雷雲一樣，人們在哪裡聚集，它就在哪裡出現。

社會規範在生活中無所不在，從我們穿什麼、吃什麼，到怎麼吃東西，全都要管。社會規範決定我們的意見表達、決定我們的溝通方式、決定我們的婚喪喜慶。你一旦知道什麼是社會規範，就吃下了《駭客任務》裡面的紅色藥丸，看到它像程式碼一樣爬滿世界的每個角落。

例如我們遇到別人的時候會說「你好」，會問他們過得怎樣，同時也知道大部分人都不會認真回答。我們說話的時候會看著對方，還會加上「請」和「謝謝」。我們去餐廳時會給小費。我們打嗝時會說「抱歉」。我們不會在別人面前挖鼻孔，至少不會公開挖。我們嘴裡有東西時不說話。我們上完廁所會洗手。我們參加派對時，會遲到五分鐘吸引眾人目光；參加葬禮時可以穿任何顏色的衣服，只要那是黑色的；女生參加婚禮時則不會穿白色，因為只有新娘可以穿。我們搭電梯的時候，知道不要面對別人站著；我們看電影的時候，不會刻意擠到陌生人隔壁；男生在小便的時候，不會刻意選在別人旁邊。

我們通常不知道這些規範是哪來的，而且比魚缸裡的魚更搞不懂這些規矩一開始到底是為了什麼，但我們通常都把它們當成金科玉律。真說起來，社會規範幾乎都沒道理，通常都只是因為很久以前，有個像是凱薩琳．德．麥地奇這種大人物一時興起，從此事情就變成這樣。

也正因如此，社會規範在不同時間地點差異甚大，自然不足為奇。南韓人不用紅筆寫名字，因為以前紅色墨水代表戶口名簿上死者的名字。[8]巴西原住民亞諾瑪米人（Yanomami）相信一種特殊的儀式可以讓死者的靈魂進入靈界：把火化後的骨頭跟香蕉一起煮湯，在宴會上跟其他部落成員一起喝，確認每個人都跟死者血濃於水。[9]義大利人認為在敬酒的時候喝別的東西，表示你品味很爛而且在觸他霉頭，如果你在敬酒時拿起水杯，可能會被餐廳或宴會踢出去。

雖然不同文化各有差異，但社會規範大致仍可分為三類。第一類是「協調性」規範，用來調整我們的行為，讓所有人都受益。這類規範通常跟公共安全有關，就像交通規則一樣，叫我們照著別人的方式做。古巴的交通就是個好例子，我雖然滿喜歡古巴的，但晚上在古巴開車真的可能會送掉小命。我二〇一八年聖誕節去古巴鄉下度假，發現那裡的人根本就不管交通規則，把規則當「參考用」。你只要去過一次這種地方，就知道我們平常能夠把車子開在道路的同一邊，是有多麼平靜美好。

第二類「忠誠」規範則跟身分有關，它只有一個用途，就是表示你屬於某個特定群體。很多職業都有特定的服裝，佛教僧侶要穿袈裟，辦公室上班族要穿西裝。很多地方都有特定的說話規矩，在酒館聊天可以用很多鄉民哏，在職場要講正式英語。很多粉絲團都有習慣的暗語，紅襪隊的球迷當然會喊紅襪萬歲（Go, Sox!）。我們用這些規範來判斷誰是自己人，它也能解釋為什麼我小時候得學著用叉子吃豌豆：這樣之後才能混進上流社會，不會一吃飯就被當成鄉巴佬。

但跟集體錯覺最有關係的社會規範則是第三種，我稱之為「我不是混帳」規範。這類規範都有兩種意義，一方面表示你相信公平互惠的價值觀，一方面表示你願意犧牲自己眼前的小利來促進整體公益。是否遵守這類規範，會決定你在群體中的道德地位，違反的人通常都得付出代價。

英國和前殖民地的排隊習慣就是個好例子。在這兩個國家，只要有人站在攤位前面，其他人都會守禮有序地一路往後排隊；沒有人會推擠或插隊，因為那不公平。英國社會史家表示，排隊的習慣始於十九世紀初，當時農村的人開始搬進城市，購物地點從擁擠的大型傳統市場轉向小型商店。在人聲鼎沸的傳統市場，你得大聲吆喝才能引起關注，但在城市的小店裡做這種事沒有意義。而且店面的正式氣氛，也讓消費者購物時更冷靜。所以社會氣氛逐漸演變，到了二次大戰期間，排隊已經成為了履行社會責任、輪流等待機會的代名詞。[10]

違反這種「我不是混帳」規範的人，通常會給別人帶來麻煩，所以會使旁觀者嚴重不滿。我每次想到我妹妹米西在二〇一八年被插隊搞得多生氣，就忍不住想笑。

沃爾瑪在黑色星期五都會舉辦購物節，玩具、遊戲機、電視這類熱門商品都會大降價。所以米西那年穿上最保暖的衣服，帶上一張摺凳以及整個保溫壺的咖啡，深夜去沃爾瑪門口排隊，準備第一時間搶購。

米西的行動力非常強。她瞄準了一臺七十五吋的高階平面電視，一般售價三千美元，但沃爾瑪當天釋出少量折扣品，只要一千三百美元。所以米西研究了整間沃爾瑪的平面圖，以地磚數量為單位，精確畫出一條從門口到電視區的最短動線，然後忍著寒風坐在停車場，等著幾個小時之後照著動線衝鋒。這一切的一切，都是為了要確保自己可以抓起那臺巨大的ＬＥＤ電視，把它搬回客廳的牆上。

「我不知道店家準備了多少臺特價品，但反正我在隊伍裡排第十個，機會應該很大。」米西回憶道，「但就在開門的一個小時前，有個男的突然走到前面，插進他朋友旁邊，把我擠到第十一個。我整個火大！喂你說啊，這是人做的事嗎？太噁心了吧！」

火大的當然不只有米西，後面所有人都抓狂了。「每個人都一起大吼，問他到底在搞什麼鬼，」米西說，「我們說，要嘛你自己出去，要嘛我們把你拖出去。我們幾乎僵持了一分鐘，不過幸好在動手之前，這傢伙識趣離開了。」[11]

想像一下，你看到了這類「令人噁心」的事情，例如有人插你的隊；然後再想像一下，你咬下的蘋果裡面有半條蟲，或者看到有人在人行道上大便。這兩種感覺一樣嗎？

神經科學發現兩者相同，無論我們看到某個噁心的東西，還是看到有人做出噁心的行為，大腦都會作出一樣的反應。這種反射性的反感是天生的，它並不偶然，而且可以讓我們避開傷害。大腦中有一個叫作腦島（insula）的區域專門檢查各種規範，只要發現有人違反，你就會覺得噁心。如果你躺在功能性磁振造影儀裡面，觀看別人插隊的影片，你的腦島很可能會高度活化，掃描起來就像是百老匯的霓虹燈。這告訴我們，當你做出那些混帳的行為，別人就會覺得你像一塊生蛆的爛肉。[12]

很多社會規範就像潤滑劑，能讓我們彼此合作、順利互動，所以有社會規範的群體，當然更有優勢。麻煩的是，我們的大腦不僅重視社會規範，甚至渴望它們，所以很多時候會憑空捏造。

社會規範就像某種毒品

你是一九二七年的哥倫比亞大學生，自願參加一項心理學研究。研究生說，這項實驗是要探討人類的感知。他帶你進入漆黑的房間，請你在一張有按鈕的桌子旁坐下。他說，接下來你會看到一束光在房間中移動，請你猜測光移動了多遠。說完之後，他就走出了這間暗房。

不久之後對講機響起他的聲音，「要開始囉」，於是一束很細的光出現了。整個暗房伸手不見五指，你看不出它究竟是投射在你腳邊，還是投在遠方的牆上。你正在納悶的時候，光束似乎往旁邊偏了一點點，然後就消失了。

所以光束到底移動了多遠？真的很難判斷。月亮在地平線旁看起來很大，在夜空中央看起來很小，但我們都知道月亮的大小從未改變，只是因為地表的樹木跟建築比它小很多，月亮看起來才比較大。所以在一個完全黑暗的房間，我們到底要怎麼判斷光束移動了多遠？

事實上，那束光從頭到尾都是靜止的。[13]移動的不是光束，而是我們的眼球。這種現象有個炫砲的名字：自動效應（autokinetic effect）。我們的眼球無法完全保持靜止，即使盯著一個靜物看，控制視網膜的肌肉也會不自主地微微抽動，然後再以其他運動來修正這個誤差。只是我們通常都不會注意到這種修正，但當我們在暗室中盯著靜止的光點，這些運動之間的拔河就會變得很明顯。[14]

這種光學錯覺最早是十九世紀天文學家發現的，當時他們把靜止的恆星和行星當成移動的物體。後來到了一九四〇年代，二戰飛行員也遇到相同的錯覺，他們說自己遇到了「幽浮一族」（foo fighters，不是一九九〇年代那個西雅圖樂團），因為在飛機穿越黑暗時，旁邊有彩色光點一直跟在身邊。後來大家才知道這只是自動效應，只是各種謠言揣測，把疲勞和飛行相關的錯覺誇大了而已。[15]

一九三〇年代，一位名叫穆扎弗．謝里夫（Muzafer Sherif）的土耳其博士生，決定要把自動效應當成他在哥倫比亞大學研究的重點。謝里夫好奇，「當外面沒有東西可以參照的時候，我們會怎麼決定標準？」答案是看我們當時身邊有沒有別人。

他發現受試者在重複看過幾次自動效應之後，所說出的光線移動距離，都集中在某個值附近。也就是說，我們的大腦在必要時會自己訂出一個穩定範圍，藉此從無意義中找到意義。

但受試者跟其他人坐在一起，聽到其他人大聲說出答案，例如「光束向左移動了十五公分」，他們判斷的移動距離通常就會改變，不再根據自己的主觀認知，而是更接近主流的說法。[16]而且謝里夫發現，即使主流說法完全不合理，或者受試者根本不認識其他人，聽完別人的說法後還是會被影響。

而且影響甚至會持續下去，即使我們離開了群體，可以完全自己決定，還是會根據之前從群體那邊聽到的共同規範，來解釋當下看到的事情。[17]更有趣的是，謝里夫在後續研究中發現，很多被主流意見影響的受試者，都堅稱自己的判斷從未改變。謝里夫的受試者都是主動作決定，而非被動地回應外界環境；但他們依然深受社會規範的影響，選擇時無法完全自由。[18]

當我們陷入混亂與黑暗，我們的大腦會尋找新的參考框架來建立秩序。這時候，社會規範就會成為框架，讓我們的血肉和衣裳一層一層附著上去。但這也讓人好奇：為什麼我們這麼依賴社會規範？[19]

答案很簡單：因為大腦很懶。

從神經學的角度來看，我們之所以依賴規範，跟大腦太過耗能很有關係。神經科學已經證實，百分之九十五的認知活動其實都是無意識的；而且我們那顆大概有兩顆拳頭那麼大，不斷瘋狂運轉的大腦，會消耗全身百分之二十的能源。當我們從事困難的認知活動，例如學習外語或演奏樂器，每小時消耗的能量大概比看電視多出一百大卡（可惜這還是無法取代健身房）。[20]不過大部分的時候，大腦通常只是在維持身體正常運作。

認真思考實在太耗能，所以我們需要一些工具來處理大部分的認知負擔，這樣才能把寶貴的能量用來決策和執行更緊迫的任務。這時候社會規範就很好用，它就像可靠的自動駕駛，通常都不會出問題，所以我們只要無腦照做，認知系統就不會過熱當機。

社會規範實在太好用，所以大腦只要有機會就會死抓不放。謝里夫發現，我們甚至會為了符合規範，而無視眼前的現實。只要社會上已經有規範，不要自己思考，照著做就對了。當其他車子都開在道路的同一邊，就乖乖照著開；當其他人都在排隊，就跟在後面排。當教堂的女士好心地在體育館舉辦學習課程，教我們這群孩子怎麼吃豌豆，照著學就對了，不用再思考晚宴上怎麼做才得體。當然啦，對我來說，這代表應該盡量避開晚宴。

當我們看到別人打破社會規範，感覺就像是看到蘋果裡有半條蟲；當我們自己違反規範，我們的神經也會產生反應。研究發現，在我們違反規範時，神經發出的警告就像被真的電到一樣痛苦。即使眼前的問題沒有正確答案，只要我們的做法離大多數人越遠，神經發出的警告還是會越強烈。

我第一次去香港（喔，又是一個英國的前殖民地）的經驗就是個好例子。我跟兒子搭地鐵的時候，不小心打破了排隊的規矩，我沿用波士頓跟紐約的習慣，一進月臺就直接擠到列車車門正前方，完全沒有發現其他人都非常有默契地在車門兩側排隊。我兒子看到其他人的眼神，才小聲地說「爸，這邊這邊。」然後把我帶到隊伍後面。

天啊，我竟然變成了典型的「討人厭的美國遊客」！我感覺到血液衝上臉頰，胸口喘不過氣，恨不得挖個地洞躲進去。我的前扣帶迴皮質（anterior cingulate cortex）說我犯了大錯，讓我一時失去了正常思考的能力。[21]

但有趣的是，在我兒子指出我違反社會規範之前，我完全不知道自己做錯了什麼，出了多大的糗。畢竟我之前從沒去過香港，完全沒有經驗可以參照；而且旅行之前大部分時間都在研究要去哪些地方玩、要吃什麼美食，而非學習當地的文化規範。而我手上的旅遊指南，也沒有提醒地鐵禮儀。所以我進入地鐵站，當然繼續照著波士頓的習慣做事；直到我兒子提醒，我的身體才作出反應，讓我知道自己犯規。

還有一次是去上海。當時我讓導遊選一家她想去的高級餐廳，我請她吃午餐。在前往餐廳的路上，導遊提醒我不要像在美國那樣給小費，因為在上海給小費是一種侮辱。我非常驚訝，而且很難相信，畢竟我自己也當過服務生，能拿的小費為何不拿。我甚至開始懷疑導遊這樣講，是不是希望我把服務生的小費都轉送給她。

所以我在用餐過程中，想盡辦法檢查她的說法是否屬實。但我幾乎找不到任何線索，因為中國人幾乎不使用現金，而且服務生不會說英語，我也不會說中文；更慘的是，我的手機在中國不能上網，除了導遊之外，我問不出任何資訊。我在掙扎著要不要給小費的過程中，大腦不斷嗡嗡發出警告，讓我感受到強烈的不適與後悔，並讓我一直想找到正確的做法。沒錯，我這個老外搞錯當地習俗當然可以原諒；但我還是會擔心自己是否不小心冒犯了服務生。

最後我想到一個作弊的方法。我們的桌子旁邊是一張很大的窗戶，所以吃完飯後我把一些現金放在窗臺上。我告訴自己這萬無一失：如果當地其實會收小費，他們會以為我只是搞錯了放小費的地方；如果當地不該給小費，他們會以為那些零錢只是我忘了拿走。

但這整件事還是非常不舒服，甚至讓我當天晚上為了不要再遇到相同的尷尬，決定躲在旅館裡吃晚飯。這件事告訴我，我們很容易把打破規矩時的生理反應，解釋成現實中的規律。無論我的導遊怎麼說，我沒給小費就是不舒服。此外，這次經驗也提醒我，社會規範就像其他的社會機制一樣，都服膺湯瑪斯定理：無論我們的信念是否為真，都會產生真實的影響。社會規範也是一樣，無論那些規範有多荒謬。

憨第德式錯誤

你是十六世紀的西班牙富有貴族，衣服就像肖像畫裡那樣有著華麗的蕾絲領口。某天晚上，你坐在城堡餐廳的熊熊爐火前，享受奢華的晚餐：有剛出爐的麵包、野豬肉佐香梅醬，以及一整瓶的深紅色葡萄酒。光可鑑人的錫盤上擺著從沒見過的水果，是你的朋友埃爾南．科爾特斯（Hernán Cortés）征服阿茲特克之後帶回來的禮物。水果鮮紅多汁，香氣逼人，你切了幾片下來享用。「嗯嗯嗯！真是好吃啊！」你開心地大快朵頤，然後滿意地把空盤交給僕人收拾。

但沒過多久，你的嘴巴出現一股奇怪的金屬味。當天晚上，你開始頭痛欲裂、腹部劇烈痙攣、手指和腳趾也感到刺痛。你痛得跌下床，在地板上吐了一地，隔天早上整個昏迷。一天之後，你就死了。

你怎麼死的？答案顯然跟這種新水果有關。

科爾特斯把阿茲特克的新水果帶到歐洲之後不久，貴族就發現吃下去會死人，從此列為禁忌，於是幾百年來，人們一直以為它有毒，但這種水果其實就是番茄。當時貴族之所以會死，並不是番茄有什麼問題，而是當時貴族的高級錫製餐具含有大量的鉛，酸性的番茄汁浸到盤子上之後把鉛溶出來，然後讓人死於鉛中毒。但當時的貴族當然不知道這些，他們只知道不要吃番茄，而且不會問為什麼。

說真的他們也沒理由問，畢竟之前吃番茄的都死了，不必自己再試一次。但奇怪的是，就連平民百姓也不吃。百姓用木盤子吃飯，照理來說沒有問題，可是大家都想效仿富人，也從未懷疑富人的高級餐盤才是罪魁禍首。既然如此，問題當然就出在番茄身上。於是，歐洲人幾百年來就遵循著代代相傳的社會規範，相信番茄有劇毒，而不去研究背後的真正原理。[22]直到一八〇〇年左右才有一群義大利勞工，不知道是太大膽還是太飢餓，開始把番茄醬放到餅皮上，製造出一種叫作「披薩」的窮人食物。[23]

人類總是不遺餘力地為規範辯護，尤其是在規範代表你有良知或忠於群體時特別明顯。也許你會說，「等等，古人不吃番茄怎麼了嗎？他們無法享受鮮採陽光番茄的美好，不知道把番茄浸在橄欖油中，加一點鹽和羅勒有多好吃；但這又不會怎樣！」但問題不在這裡，問題在於人類千百年來都不關心自己相信的東西是否基於現實，碰到麻煩當然一無所知，只會去歸咎番茄。

我們在不假思索地遵循規範的過程中，經常會犯一種大錯，我稱之為「憨第德式錯誤」。只要一不小心，這種錯誤就會把社會規範變成集體錯覺。

歐洲在十八世紀中葉發生啟蒙運動之後，過去法國神學家、牧師、蛋頭學者、政府官員、軍隊領導人的封閉專制，就逐漸被理性與科學的世界觀所取代。這個時候，法國一位愛說真話的哲學家伏爾泰（Voltaire）寫了一部叫作《憨第德》（Candide）的諷刺小說。

憨第德是主角的名字。這個年輕人遇到了一位叫作潘格羅斯的蛋頭教授，跟他說目前的世界「是所有可能的世界中最好的一個」。憨第德在故事中接連目睹各種悲劇：地震、火災、饑荒、燒死異教徒、不公不義、被拒於門外等等。但無論看到多可怕的事情，遇見多討厭的社會規範，潘格羅斯都說那是自然的一部分，勸他聳聳肩輕鬆接受。[24]就算火山與地震把里斯本夷為平地，潘格羅斯也說：「這是最好的安排，因為如果火山出現在里斯本，就不會出現在其他地方。因為既然事情都發生了，就不可能變成其他樣子。一切都是最好的。」[25]

故事到了後面，憨第德開始發現潘格羅斯的問題出在哪裡：這個人「在最壞的時刻堅持一切都是最好的」，但其實根本只是死守教條與規範，蒙上眼睛不去看世間的雜質。[26]

我們很容易陷入潘格羅斯的樂觀主義，認為既有的規範都有好處，都是人們想要的。畢竟如果大家都不想遵守，甚至都不在乎那些舊規範，它們怎麼還沒消失呢？答案很簡單：社會規範沒有這麼容易擺脫。

瑞典有個很棒的故事。瑞典的車子原本是靠左行駛，但從一九六七年九月三日早上五點開始，全國上下的每個駕駛人都得在短短一天之內改成靠右行駛，這件事稱為「右行日」（Dagen H，Dagen 是瑞典語的「一天」，H 代表 Högertrafik，「靠右行駛」）。瑞典政府為什麼要這麼做？因為瑞典的所有鄰國全都是靠右行駛，開進左行的瑞典就釀出大量車禍。不過大部分瑞典人並不支持這項政策，於是政府只好投入天價預算，花費數年時間進行公關與教育。它們在每個東西上貼上「右行日」標誌，就連女用內衣與牛奶盒也不例外。同時又叫各地方政府重劃道路標誌、移動紅綠燈，在「右行日」前夕，全國上下更換了超過三十六萬個路標。[27]

推出「右行日」之後，交通事故減少了好一段時間；但到了一九六九年，事故頻率又回到了過去的水準，[28]不禁讓許多瑞典人懷疑，這一切勞師動眾是否值得。因為瑞典政府想要的其實不是改變行車方向，而是建立一套新的社會規範，藉此改善交通安全；但這真的不是光靠修改法律、更換交通號誌就能達成的。叫人們捨棄使用了幾十年的規範，就跟叫左撇子突然改用右手一樣困難。

而且有些規範並不是大家講好就可以的，這種規範更難消除。過去無所不在的握手就是個好例子。這個習慣源自古代美索不達米亞，當時不知哪個傢伙突發奇想，覺得把手伸出來握，就可以證明自己沒帶武器，對陌生人沒有惡意。[29]也就是說，握手代表「自己不是混帳」。滿實用的辦法，對吧？

麻煩的是，當時沒有人知道握手會傳播疾病。其實直到十九世紀，科學家和醫生都還以為霍亂和黑死病之類的疾病，是由汙水或腐爛物質產生的「瘴氣」引起的。[30]不過在一八四七年，有個叫作伊格納茲．塞麥爾維斯（Ignaz Semmelweis）的匈牙利婦產科醫師，在維也納的醫院發現產褥熱似乎有某種模式。當時婦女在產後經常因為產褥熱而死，但塞麥爾維斯發現產婦的死亡率，似乎跟她被誰照顧很有關係，那些被醫師與醫學院學生照顧的產婦，死亡率幾乎是助產士照顧的三倍。醫師與助產士的最大差異在哪裡？在於前者會在病房旁邊的手術室解剖屍體，後者不會。[31]

所以塞麥爾維斯懷疑產婦是被「屍體上的小顆粒」害死的，要求醫師與醫學生在早上解剖完之後，照顧產婦之前，先用消毒水洗手，於是產婦的死亡率從一八四二年的百分之十六，降至一八四八年的百分之三多一點。[32]當然，這種疾病是由病原體傳播的理論，被當時的醫療機構嗤之以鼻；但隨著時間推進，終究還是成為了醫療人員的常規。[33]從此之後，每次遇到流感盛行季節，公衛機構就會呼籲大家停止握手，或者至少在握手之後洗手；但無論他們怎麼呼籲都沒用。

直到某種傳染病爆開，這種規範才終於開始改變。對，那就是COVID-19，它讓我們終於學會跟陌生人打招呼時不要握手。但即使如此，我每次打招呼的時候還是覺得不太禮貌，即使與人互碰拳頭或手肘，我還是覺得不夠友善不夠尊重。

回來說說榆樹谷吧。還記得嗎？榆樹谷的禁忌之一是紙牌遊戲。根據山克的研究，這個禁忌起源於村民的「清教徒偏見」，過去清教徒認為紙牌就像類比版本的Instagram，拿著王公顯貴的臉玩牌就像在認可王權；所以真正反對壓迫的人一定會拒絕紙牌。但二十世紀的榆樹谷，早就脫離王權暴政好幾百年，這種規範不再有用也不再合理，村民之所以繼續遵從這種禁忌，只是因為誤以為大多數鄰居都同意。

社會規範的麻煩就在這裡。當它們繼續存在，而且大多數人都遵循，我們就會以為大多數人都同意。這時我們的信念就讓我們很容易成為幫兇，繼續擁護這些沒有人想要遵守的不成文規矩。當越來越多人陷入這種「憨第德式錯誤」，遵循那些違反自己價值觀的規範，集體錯覺的幽靈就把我們抓得越來越緊。

當社會規範變質到這種程度，我們就會在從眾偏誤之下作出非常糟糕的決定，甚至讓整個社會一起從事一些沒有人真正接受的惡行，例如種族歧視、性別歧視，以及各種其他形式的歧視。社會之所以會變成這樣，是因為變質的社會規範就像響尾蛇一樣藏在石頭下面，我們在石頭上面跳舞，渾然不知下一秒就有可能被它們的毒牙咬住。所以要擺脫糟糕的社會規範，第一步就是保持警惕，盡量檢查每一條規範到底有沒有道理，大家到底是不是真的支持。

這就是藝術家的功能。我們經常忘記藝術家對社會有多麼重要，但你只要停下來想一想，就會發現偉大的藝術作品幾乎都會仔細反思社會規範，都會開拓新的眼界。史特拉溫斯基（Igor Stravinsky）的《春之祭》（*The Rite of Spring*）、梵谷（Vincent Van Gogh）的向日葵系列，還有從歐里庇得斯（Euripides）到哈維爾（Václav Havel）以至於當代的戲劇作品，全都在逼我們思考各種社會規範，叫我們別像魚兒那樣把水視為理所當然。有些作品會告訴我們，人類盲目守規矩的時候會變得多麼好笑；有些作品直接把我們打醒；有些作品則是直接罵我們偽善行惡，讓我們光是看了就覺得被冒犯。但我們停下來了。這就是重點。

例如莎士比亞的戲劇，都在巧妙地講述規範鬆動的時候會發生什麼事情。他的喜劇通常都仰賴一些社會常規錯亂的狀況：男人被看成女人、女人被看成男人、社會中的不同階層互換位置等等，藉此指出打破常規是不是其實沒有那麼可怕。最優秀的藝術作品，不僅能讓我們反思既有的規範，還會讓我們發現打破這些規範可能會讓社會更好。

犀牛背上有很多寄生蟲，所以牠們允許紅嘴牛椋鳥來把蟲吃掉。社會規範就像是人類的紅嘴牛椋鳥，跟我們有著互惠關係。社會規範讓我們更能彼此合作，集體行動的結果更能預期，需要的總能量也變得更低。大多情況下，這都能帶來雙贏。而且當社會規範能夠包容異己，能夠促進溝通，甚至反映每個人的價值觀時，它們還會強化人性中的良善天使，讓我們與群體能夠以前所未有的方式共同繁榮發展。

問題是，社會規範實在太普遍，威力實在太大，通常會讓我們不假思索直接照做，所以很多規範明明過了保存期限，我們還是照著遵循。這些不合時宜的規範違反我們自己的價值觀，變成了集體錯覺，犧牲了大部分人的利益去成就少數人的利益，很快就為社會帶來惡果。

當然，集體錯覺未必都是過時的規範所引起，否則我就不用寫這本書了，只要建議大家時時檢查每一條社會規範就好。另一種引起集體錯覺的方式，比社會規範更普遍、更直接，而且麻煩的是，在那種方式下，我們不是延續既有的錯覺，而是自己引發了錯覺。

Chapter 6 恐怖的誤解

那些我們自以為耳熟能詳，從來不曾懷疑的故事，往往錯得最離譜。

——古爾德（Stephen Jay Gould）

我在十二歲的時候，第一次踏入了從眾天性的黑暗小巷。

當時我住在猶他州霍珀鎮，大鹽湖旁邊的一個農業小鎮，很像是榆樹谷。我跟大部分的六年級學生一樣，迫不及待地想在同儕中找到自己的位置，而我的同儕是五個年紀相仿的臭男孩。小孩要轉大人，最常見的方法就是打破既有的禁忌，所以我們看上了菸草。

我們的夥伴裡有個傢伙叫喬，高高瘦瘦，酷得像一個大明星。喬的哥哥有嚼食菸草的習慣，喬也因此相信這種非法藥物裡面的大量尼古丁可以帶來獨一無二的體驗。

所以某天下午，喬把我們帶到羅斯先生的灌溉大渠，躲開附近村民和我們家裡爸媽的目光。然後他從外套口袋掏出一個圓盒子，緩緩地說：「看好了，我說的就是這個。棒球隊的都在吃，一吃下去女生就會愛上你！」

一股禁忌的震顫，傳過我們每個人的身體。喬小心翼翼地打開盒子，捏起一撮棕色的東西，塞進他的上唇，然後把盒子推到我眼前，「換你了！」

我盯著眼前的菸草，又抬頭看看其他同伴的反應。有幾個人刻意避開了目光。我覺得很不對勁，但這是成為男子漢的關鍵時刻，所以只好盡量把菸草捏小一點，像喬一樣塞進上唇與牙齒間的縫隙。

喔！這是燒稻草的味道嗎？真是刺鼻噁心，又辣又臭。刺激的味道與尼古丁的灼熱感把我燻出眼淚。

然後，喬在眾人的目光下叫我咀嚼菸草。我乖乖開始嚼，味道明明糟透了依然不敢停止，只能像牛一樣繼續放在嘴裡咬。

在接下來的一個多小時裡，喬陸續逼我們把這種噁心的東西一個一個塞進嘴裡。嚼到後來，菸草已經變得像黏土一樣，實在噁心至極。但我不敢在大家面前把它吐掉，只好吞下去。

結果等到其他人都把菸草吐出來，喬轉頭問，「唉，你的草咧？」

「我，我吞了。」這句話剛出口我就滿臉通紅，而其他人都目瞪口呆地看著我。

「那東西不可以吞啊！」

沒錯，我剛吞下去就很不舒服，我搖搖晃晃地走回家，一路上邊走邊吐。

我打開家門直奔浴室，在馬桶上狂吐。我那個當護理師的媽媽走了過來，一邊聽我邊哭邊道歉，一邊把手放在我滿頭大汗的蒼白額頭上。

「好啦，沒事的。」她平平靜靜地說，「而且我確定你以後不敢了。」

十年後我回家探望家人朋友，一起在營火旁邊回憶那天的經歷。

「你還記得我們在羅斯先生渠道旁邊嚼菸草的事嗎？」

「喔對啊，」他們說，「很噁耶。」有人邊說邊笑。

「超怪的，我們幹嘛嚼那個啊？」馬克說。

「呃，我懺悔一下，」喬回應道，「那其實不是我的意思。」

空氣忽然瞬間陷入寂靜。

「等一下，你說什麼？」我忍不住問。

「是你逼我們嚼，我們才嚼的耶！」

喬在現場愣了好一陣子才開口說道：「那個，其實……其實是我哥叫我做，我才做的。」

所以我不是第一個被同儕壓力壓倒的人？好啦，反正也不是最後一個被壓倒的。那坨菸草最後把我整得七葷八素，但當時每雙眼睛都盯著我，我覺得自己無從選擇。但由於我在屈服的過程中，放棄了一部分的道德觀，我一邊屈服一邊痛苦。而且我並不知道，其實每個人都不想咀嚼那坨玩意，只是因為我屈服了，其他人就更難反抗。所以我們一個接著一個向集體錯覺投降，把那些不健康的蠢事，當成男人的酷炫行為。

當然，青少年總是會做一些長大之後會後悔的事情。而且當我們希望被接納，或者想要避免尷尬時，都會跟著同儕一起走。但咀嚼菸草的故事讓我不禁懷疑，每個人是否都經常誤判他人的想法。我們對彼此的誤解，會不會讓我們不只是很容易被集體錯覺影響而已，還會自己創造出集體錯覺。

無論我們走到哪裡，面對什麼問題，都有可能創造出自己的集體錯覺，然後把自己推進去。但這困境的成因以及可能的控制方法，其實都不難找到。我們只要了解大腦的先天局限，了解人類如何理解這個世界就可以了，因為這個世界非常複雜，我們根本無法光靠自己成功掌握。

名副其實的「腦補」

還記得嗎？前一章提到我們的大腦消耗大量能量。以視覺為例，我們的眼睛每秒大概可以接收一千一百萬位元的資訊，但每秒只能「上傳」大約六十位元到意識之中。這大概就像是全巴黎的人口都在你眼前，但你只看到八個人。[1]

因為我們的大腦為了節省時間精力，會做出兩件事。第一，它會篩選資訊。它看到一串資訊會先問「有新東西嗎？跟之前的狀況有差異嗎？這些差異重要嗎？沒有的話我就照之前知道的東西理解喔」。第二，它會在第一時間作出預測，它會在你尚未作出任何意識與思考之前，根據之前的經驗和知識來填補空洞，藉此相當準確地預測接下來會發生什麼事情。

這提醒我們，大腦處理現實資訊時，並不像電腦那麼客觀。因為要百分之百地準確預測現實，會浪費非常大量的認知能力，所以大腦會略過不重要的細節，專注處理那些可能有用的東西，讓你了解眼前的狀況、預測變化、作出合理反應。

例如當你走過鄰居的車庫，看到一臺車開始向你後退，你不會呆呆地看它接下來會不會撞到你，而是會直接讓開。當然，事情未必都符合大腦的預測，鄰居的車子可能會切到D檔開回車庫，這時候你就會下意識發現預測失準，於是感到驚訝，甚至可能會因此調整未來的應對方式。此外這也暗示，因為大腦的運算嚴重仰賴預測，它滿容易誤解現實。[2]

下面這張圖就是個例子。請看一下棋盤上的A和B兩個格子，哪個格子顏色較深？當然是A，對吧？

但A和B兩個格子的顏色完全一樣深。為什麼我們會覺得A比較深？因為B被右邊的圓柱體遮住，在它的陰影裡面，而根據過去的經驗，大腦知道在陰影裡面的東西比實際上更暗。這時候大腦同時接收到兩類資訊：一，根據現實，A和B兩個格子的顏色一樣深。二，B在陰影中，所以根據預測，實際上應該更亮。這兩類資訊彼此衝突，但大腦比較重視預測，所

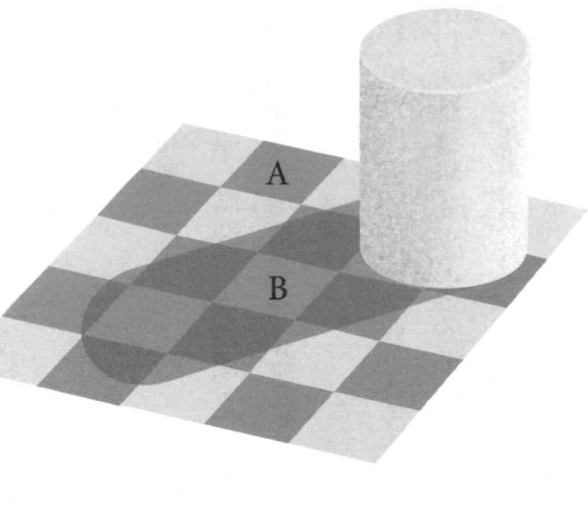

以自動幫B「調亮」。

要證明A跟B一樣亮很簡單，只要像下面這樣，用兩條灰線把兩個格子連起來。看吧，完全一樣亮。

我們的視覺錯覺就是這麼產生的。大腦在填補資訊空白時，經常會產生誤解。當眼前的現實違反預期，大腦會看不懂，於是它就自動「校正」，把現實硬凹成它已經理解的模式。

這是因為世界瞬息萬變，要活下來就得不斷根據眼前的資訊作出預測。所以在漫長的演化中，預測成為了本能。麻煩的是，我們一旦知道該如何預測，就會自動預測之後遇到的所有事情。而且在社交場合中，我們更會下意識地不斷猜測別人的

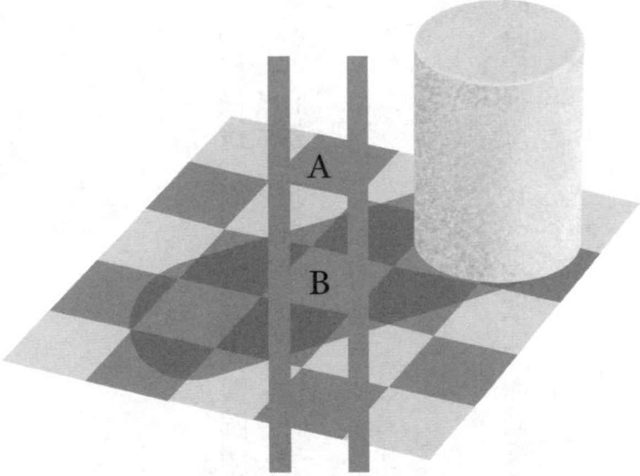

想法。這讓我們以為自己看到了「客觀現實」，但從來一直都不是。我們的大腦不但有濾鏡，還有修圖功能，我們對他人或對群體的推斷，往往跟上面的棋盤方格一樣扭曲。這不僅會讓我們陷入集體錯覺，還會自己孕育出集體錯覺。

如果你能懂我的心

二〇一五年我回到猶他州老家，見我親愛的奶奶最後一面。奶奶躺在醫院病床上，鼻子裡插著一根塑膠氧氣管。我握著她虛弱的手和她一起最後一次回憶往事。聊到一半，我向她告白一件困擾多年的心事。

「奶奶，有一件事我一直不知道該不該說。」

「什麼事啊，小陶？」她溫柔地問道。

「妳跟爺爺常常帶我去時時樂吃飯。可是時時樂很貴，我一直都知道你們沒多少錢。」

她嘆了口氣，拍拍我的手。

「是啊，我們沒多少錢，可是還是想寵你一下。」

「可是，」我繼續說，「其實我喜歡的是陪在妳旁邊，吃妳做的那種加一堆酸黃瓜的香腸三明治。我沒那麼喜歡去時時樂。」

「說什麼呢！你很喜歡牛排，你現在不是還是很喜歡嗎？」

「對，問題不是牛排。時時樂不難吃，可是它又吵又擠，我們都聽不見對方在講什麼。而且我在那種地方要規規矩矩坐著。」

我一邊說，一邊想起奶奶家那個一塵不染的小客廳，天藍色的窗簾、立式鋼琴，還有保存得很好的舊家具。我小時候只要在學校裡被欺負，就會躲回那裡，那裡總是能讓我安心。吃飯的時候，露絲奶奶不會叫我正襟危坐不要說話。她一直讓我做我自己，那是她給我最珍貴的愛。

「嗯，繼續說。」她回應道。

「其實，我跟你們在一起就夠了。我喜歡跟你們一起玩快艇骰子、喜歡一起吃爆米花、喜歡一起看卡蘿．伯奈特（Carol Burnett）演的電影。其實不用去吃大餐的。」

奶奶笑了出聲，然後不禁開始咳嗽。咳嗽結束之後，她也說出了真相。「你知道嗎？其實我跟你爺爺也不喜歡時時樂。可是你看起來很喜歡，所以我們就連約會也放棄了，只為了盡可能湊出錢，帶你去那裡。」

讓我們陷入集體錯覺的，不只是過時的社會規範。即使是認識很久的人，我們也經常搞不懂他們究竟要什麼。而且你會誤解，別人也會。有些時候，別人會因為誤解了你，而改變自己的行為。而這一切你都並不知道。

我們時時刻刻都想知道別人在想什麼，但我們永遠無法知道。我們只能根據他們的語言、行為以及之前對這些語言行為的理解，來猜他們的心。[3]

所以我們的腦花了很多力氣去猜測別人的想法，也就是心理學所說的「心智化」（mentalizing）。神經科學家用功能性磁振造影掃描大腦時發現，我們在猜測他人想法的時候，前額葉皮質內側、前顳葉、頂顳葉交界處、頂葉皮質內側都會活化，這些區域都是用來理解社會環境的。[4]不過，這種預測機制經常搞錯，我們會猜錯某個人的想法，也會猜錯整群人的態度。原因很簡單：我們都嚴重低估了社會對其他人的影響力。[5]

我們都知道自己會被同儕壓力影響，但卻不知道其他人也會被影響。畢竟社會焦慮不像是憤怒或尷尬，當對面的人擔心被嘲笑、擔心被排擠，我們未必看得出來。我不知道當年吞下那坨噁心菸草的時候，臉頰有沒有變紅；但我知道很少人會緊盯著這種小細節看。

所以我們經常瞎猜、經常作出錯誤假設、經常擔心引人注目，這些全都加在一起就成了大量的彼此誤解，一天到晚在不知情的狀況下，根據錯誤的詮釋來調整自己的想法、感覺、行為。我們很容易以為別人的一言一行都忠實反映出他們的想法，但這錯得離譜，只會加深誤解迴圈。當你在路上突然超我的車，我很容易以為你是個混帳，但你有可能是為了衝向醫院見心愛的人最後一面。我們沒有讀心術，只能根據非常片面的資訊來推測，注定充滿錯誤。[6]

此外，我奶奶的故事還顯示另一件事：社會規範會加劇我們的誤解。例如那些善意的謊言。

想像一下，你去朋友家吃感恩節大餐，朋友端出一隻大火雞，旁邊擺滿了配菜。你咬下第一口就覺得這火雞肉柴爆了，只好在叉子上放一些馬鈴薯泥，混起來吞下去。

這時候朋友開口了，「嘿，火雞如何？」而在你遲疑的時候，另一個人已經說出「超好吃的」，然後桌邊的其他人接連點頭。主人笑了起來，於是你只好說：「對啊對啊。」

不然呢？難道要說「不行耶，這肉柴得跟什麼一樣」？你不會，在場的其他人也不會。在這種時候說實話只會變成一個混帳，說「對啊對啊」才是讓主人開心，同時不要跟其他客人搞壞關係的好方法。

不過雖然我們可以不說火雞肉有多柴，但可以逃避社會、道德、經濟、政治的重大問題嗎？如果有人一邊遞醬汁一邊發表種族歧視言論，餐桌上卻沒人反對，大家可能就會以為這個群體可以忍受種族歧視。很多重要的社會問題都不是餐點好不好吃那麼簡單，如果我們在這類事情上不表達自己的意見，社會就會陷入大麻煩。

無論是我的組織還是其他研究組織，都發現人們無論走到哪裡都會隱瞞心底的想法。[7]也許這種隱忍能夠維持感恩節餐桌的和平，但它會讓我們聽不到反對的意見，使整個社會更加極化。[8]社會上只要有夠多人不敢說出真正的想法，其他人要說出想法就會變得越來越困難。

我奶奶跟我之間的集體錯覺，以及火雞好不好吃的善意謊言，都還不會造成什麼重大危害。但同樣的誤解一旦涉及重要問題，並在整個社會之間廣為傳播，事情會變成怎樣？

是新聞還是雜訊

山克博士大約一百年前造訪榆樹谷時，那個鎮的生活步調慢得像烏龜。當時全球人口只有二十億多一點，美國人口只有現在的三分之一，[9]大部分的工作都仰賴人力或獸力。當時已經可以坐火車長途旅行，但大部分的人出門還是靠步行或者馬車。要洗衣服跟床單的話，就拿一塊洗衣板在大臉盆上面搓，然後在後院的火爐上煮沸消毒。當時的汽車是一種新鮮玩意，電話、電視、冰箱則是貴到大多數家庭都買不起的專業科技產物。廣播當時才剛出生，榆樹谷的人想了解新知就得去看報紙，而且大部分的版面都報導當地新聞。在那個時代，每一個明天都像今天，每一個月都像這個月，每一個季節都像眼前的季節。歲月靜好，現世安穩，直到村民的平均壽命慢慢延長到六十歲。[10]在那個時代，跟上世界的最新發展真的不難。

但現在全球的人口有八十億。民主、科技、全球化帶來許多進步，讓更多人能夠脫貧，能夠上學。跟遠方的人聯絡也變得更容易，很多人都經常隸屬於虛擬的線上社群。不過，雖然網際網路讓我們在第一時間接受到來自全球各地的無數最新消息，我們的大腦卻演化得不夠快，沒辦法及時處理。

我們的親朋好友數量就是一個問題。我們都認識很多人，但真的在酒吧巧遇時，能夠自在地坐在一起喝酒的人有幾個？英國人類學家羅賓·鄧巴（Robin Dunbar）說，只有一百五十個，這個數字稱為「鄧巴數」（Dunbar number），是鄧巴一九九〇年代的研究結果。他發現靈長類的大腦體積跟平均社會群體有關，[11]並且根據其他靈長類的相關係數，推算出人類可以輕鬆自在地維持關係的親友數量，只有一百五十個。[12]除了這些人以外，其他的朋友都是噪音。

不過社群媒體這類科技玩意出現後，我們每天都泡在虛擬社群裡。虛擬社群的成員遍布全球各地，即使是我們每天追蹤的社群，也很可能不知道每個人姓啥名誰、住在哪裡。但我們卻繼續像榆樹谷村民一樣，用每個成員的發言跟行為猜測他們的意見，用論壇的風向猜測整個社群的願望。我們的大腦還活在幾十萬年前的穴居時代，只能處理跟左鄰右舍、重要親友、所屬部落之間的關係，無法應付網路上的各種幻覺。但我們現在都得生活在這種幻覺裡。

二〇一五年十一月二十二日發生過這樣的事：美國網路新聞媒體 BuzzFeed 刊出一篇報導：「本名奧伯里．葛拉罕（Aubrey Drake Graham）的饒舌歌手德瑞克（Drake），今日不久前車禍身亡。」

這則新聞來自德瑞克 YouTube 官方頻道上某首歌曲底下的討論串，Buzzfeed 看到之後就轉發了出來。在那個討論串中，每篇留言都在哀悼這位饒舌歌手的英年早逝。二十四小時後，影片的觀看數達到一千七百萬次，留言區塞滿了哀悼文。接下來，貼圖討論平臺 4Chan 的網友大量湧入，讓該留言獲得大量的「讚」。於是「德瑞克車禍身亡」的消息就在推特和 Tumblr 上傳開了，維基百科也把德瑞克的死亡日期記錄為二〇一五年十一月二十二日。

反倒是德瑞克本人對此相當不解，因為他活得好好的。這整個笑話都是4Chan的網友搞出來的，他們想知道「如果我們可以讓整個網際網路以為德瑞克死了會怎樣？」，於是策劃了「德瑞克行動」。[13]

網路上充滿這種騙局。二〇一八年有個偽裝成ＣＮＮ的網站「Breaking-cnn.com」，在美國前總統老布希的妻子芭芭拉（Barbara Bush）實際死亡的前一天，就發布新聞說她已「在睡夢中平靜過世」，光是在臉書上就獲得了超過二百萬個「讚」、分享等回饋。[14]而在前一年，「ＦＢＩ在停屍間員工的家中查獲三千多根陰莖」、「川普總統殺掉了前總統歐巴馬赦免的五隻火雞」、「鄰居指控老婦人刻意訓練六十五隻貓來偷他家東西」這類亂七八糟的假新聞，早就在網路上不斷瘋傳。[15]

匿名團體在社群媒體上不斷造謠，讓我們很難確定每個虛擬群體的主流意見究竟各自為何。畢竟光是跟一小群人面對面聊天，都不可能完全了解彼此的想法；要準確猜測面目模糊，幾乎完全匿名的大量網友意見，當然更是緣木求魚。所以我們在網際網路上能做的，就是用先入為主的觀念以及各種二手資料，彼此互相瞎猜。

我們很愛聽消息，也很愛傳消息。從中古時期的宮廷到獨立戰爭之前保羅·李維（Paul Revere）在午夜騎著馬警告「英國人打來了！」新聞的魅力歷久不衰。但我們也早就知道八卦的危險。消息很容易越傳越誇張，轉傳越多次，跟原版就差得越遠。法庭之所以不採信大部分的道聽塗說，需要確定證人有沒有當場目擊，就是因為謠言通常錯得很離譜。只要玩過「傳話遊戲」的人，也都知道消息轉手幾次之後會變得多扯：第一個人把話傳給第二個，第二個傳給第三個，最後一個人聽到之後複述出來，通常都面目全非，引起哄堂大笑。

但二手資訊的威力如今變得無遠弗屆。每天都有無數的網友在線上玩「傳話遊戲」，我們怎麼可能用線上的資訊，真正了解每個人的想法？而且如今每個人都加入好幾個群體，所有群體的總人數加起來數千數萬，我們更不可能了解每個成員的真正意見。但我們忘記了這件事，一天到晚在網路上罵別人是叛國賊，質疑別人到底是站哪邊的。因此，我們只要在網路上看到好幾條彼此衝突的資訊，就很容易陷入混亂，不知道每一條的可信度各自多高。這就像是同時有三百個保羅．李維騎著馬繞著你大喊，但每個喊的都不一樣，有的說英國人打來了，有的說英國人就在你身邊，有的說「英國人」這個概念根本就是認知戰。

榆樹谷的故事發生六十多年後，網際網路開始改變全球各地的社交體驗。一九九〇年代，電腦之間的連結方式突飛猛進，短短幾年之內就從簡單的電子郵件跟政府網路，發展出網景瀏覽器（譯註：Netscape，一度的瀏覽器市占王，後來衍伸出Firefox）跟美國線上（AOL），然後讓世界進入網路時代。如今網路上的資訊總量大概有二百五十京位元（「百京」是十的十八次方。一百京枚美分硬幣可以鋪滿一點五個地球的表面），大約是地球上螞蟻總數的一百倍[16]；而且其中有百分之九十是在二〇一八至二〇二〇年建立的。[17]臉書這個全球最大的社群媒體平臺，每分鐘平均發布五十一萬條評論，二十九萬三千條新貼文。至於Instagram，每天新增九千五百萬張照片和影片，[18]這數字大概只比全球最繁忙的華盛頓大橋，每年湧入曼哈頓的汽車總量少一點點。[19]

這種資訊洪流的龐大程度，大概只有諾亞面對過的大洪水可以相比。但我們每天起床就盯著螢幕，吸收這些史上最密集的資訊。而且除了工作以外，我們每天光是在休閒時間吸收的資訊，大概就高達三十四億位元，也就是十萬英文字。美國人在二〇一一年吸收的資訊總量，是一九八六年的五倍，相當於每天閱讀一七四份報紙。而且光是觀看五小時的電視，就會吸收到兩百億位元的資訊。[20]

沒錯，網路將許多不可能化為可能。今天沒有人需要拿圖書分類卡去圖書館查書，谷歌什麼都能告訴你。如果你罹患癌症之類的疾病，可以查好資料之後對醫生提出精準問題。當你搞不懂某產品，你也不用在客服電話旁等一整天，可以直接去公司官網找問答集。然而，大腦處理視覺資訊的速度其實很慢，這麼多的資訊其實不可能真正消化完畢，[21]所以我們眼前的世界，其實大半都是我們自己過濾，或者演算法幫我們過濾之後的結果。我們不想看到的資訊，通常早就被我們濾掉了。

有人可能會說，這麼多的知識會讓我們更有智慧，可惜似乎並非如此。我們本能性地下載太多資訊，根本吸收不完，更不可能每一條好好咀嚼反思。用我們過時的心智能力處理數位時代的資訊洪流，就像是用一九八〇年代的ＩＢＭ電腦把照片上傳臉書，只會搞出一堆破圖，上面可能還有一閃一滅的綠色像素游標。而且這兩者之間的落差，無論怎麼努力都趕不上，所以我們的大腦變成了過熱的硬碟，不斷徒勞旋轉，試圖找出哪些資訊值得吸收。[22]

但這實在太累了，所以我們開始仰賴下意識的認知捷徑。我們開始只聽自己人的資訊；開始從那些意見大概相同的人那裡尋求認同，而且不去檢查他們的意見是否真的跟我們一樣。這讓我們暫時獲得平靜，但也引發了一系列問題。

沒錯，一直有人在網路上刻意發布錯誤消息跟不實資訊；但真正的問題，卻是我們把心思都放在這些事情上面。大腦的天性與網路上的資訊環境不但產生了巨大的相關性，更催生出前所未有的誤解狂潮，吞噬我們每一個人。

哈哈鏡迷宮

本章一開始的那個棋盤錯覺，告訴我們眼見未必為憑。我跟奶奶的故事則顯示，即使是非常親密的人，我們也未必真正了解。而網路的出現會加劇這兩種問題，所以我們很需要知道，在我們一開始搞錯了別人的看法之後，社群媒體會如何放大我們的誤解，我們的集體錯覺。

網路的結構，是為了蒐集、整理、發送、追蹤、放大各種我們想看的資訊。網路上大部分的內容，都是由其中一小群人生產出來的。所以即使是沒什麼爭議的主題，例如德瑞克的歌，我們也永遠無法從網路上的資訊來正確判斷整個臉書或推特環境的立場分布。

網際網路並不是一個隨你挑選的自助餐沙拉吧，反而像是一個定食餐廳，演算法會根據你目前為止的線上行為，幫你整理出你可能想看的資訊。每個人的網路資訊環境，都跟你之前的行為很有關係，所以猜猜看，你搜尋了暴力抗爭、反法西斯（譯註：Antifa，反對極右派的分散式抗爭運動，其中不少成員使用暴力）之後，河道上會出現什麼？沒錯，更多暴力抗爭跟反法西斯運動的新聞。

然後我們的大腦有個毛病叫作「重複性偏誤」（repetition bias），同一個故事聽越多次就越容易相信；而且即使故事都是同一個人講的，我們也會更容易以為社會上其他人也都相信。所以只要不斷重複宣傳，就可以像一場暴雨一樣，把一條清澈的小溪瞬間化為土石流。廣告商跟政府都很懂這套，所以他們經常不斷說同一句謊言，讓我們的習慣壓過理性，覺得它越來越可信。因為謊言只要沒有像「人類跟蜥蜴一樣都是變溫動物」那麼一看即知，我們的大腦就會慢慢把它當成真的，到時候三人成虎的招數就會奏效。

當下的假新聞（fake news）就是很明顯的例子。耶魯大學的研究人員在二〇一八年發現，只要我們在臉書上重複看到同一條不實資訊，無論一開始覺得它有多扯，都會慢慢覺得越來越可信。所以要傳播假新聞很簡單，只要在新聞裡面混入一些可能的真相就可以了。例如研究者發現〈川普決定改革軍隊：重新恢復徵兵制〉這種新聞標題，明明只要仔細一想就知道是假的，但只要讓人看過兩次，相信為真的受試者數量就會翻倍。研究者認為，這表示社群媒體很容易滋生不實資訊，並且在重複性偏誤的影響下，讓我們把不實資訊當真，繼續往外傳播出去。而且即使假新聞被事實查核人員踢爆，只要受試者看過該新聞夠多次，依然會繼續相信，而且如果真相跟受試者的政治立場衝突，受試者就更容易相信。[23]

現實世界瞬息萬變，而且非常容易讓人分心，所以我們的大腦經常下意識地接受那些我們熟悉的資訊來源或知識，而不會客觀地評估它們。研究證實，當我們必須同時分心處理好幾件不同的事情，就更難客觀地整理過去的記憶。所以當我們越難專心，就越有可能陷入重複性偏誤，因為這種時候我們覺得一種說法有多可信，就更不是根據它是否為真，而是根據我們是否熟悉。[24]

哲學家維根斯坦（Ludwig Wittgenstein）說，我們之所以會相信那些重複出現的資訊，就是因為當我們懷疑報紙上的內容是否寫錯，我們不會去檢查其他的來源，而是會再買一份相同的報紙來比對。[25]重複與真假當然沒有邏輯關係，但我們的腦神經機制並不完美，看到越多次的東西就越容易相信。自古以來，政府、惡霸、以及各種組織大老，都利用這種機制來欺騙我們。例如希特勒在《我的奮鬥》（*Mein Kampf*）中列出的宣傳心法之一，就是「不斷重複相同的概念。善用常見的刻板印象，切勿客觀陳述」。[26]

社群媒體讓這種局勢雪上加霜，它們不管貼文的內容是否為真，說法是否專業，而是只要貼文有越多人看，它們就越用力推播。例如美國推特的文章就幾乎都來自一小撮人，在二〇一八年，推特上八成的推文，都來自大約一成的使用者。[27]這讓社會上的少數意見得以跨越時間與空間的藩籬，變得時時刻刻都像是主流民意。事實上，也真的有人用這套機制來影響我們。我們通常覺得那些重複出現、自信滿滿、講話大聲的說法比較可信，所以有些人會刻意說得斬釘截鐵，讓我們以為事實真的就是那樣。

俄羅斯網軍在二〇一〇年代就用這種方式成功地干預了美國政治。二〇一七年，緬因州共和黨參議員蘇珊·科林斯（Susan Collins）表態支持民主黨歐巴馬的《平價醫療法案》（*Affordable Care Act*），引發一些人的反感。幾天之內，推特上就出現了一大堆俄羅斯機器人，發文批評科林斯「胳臂向外彎」。大量的辱罵強化了人們對科林斯的不滿印象，並且讓這種印象看起來非常主流。成千上萬的緬因州選民就這樣被捲入論戰風暴之中，無論他們支持的是哪一黨，無論他們到底在不在乎《平價醫療法案》。[28]

這只是俄羅斯網軍操弄言論的一個例子，類似的事件不勝枚舉。二〇一六年總統大選那天，推特上的整群假帳號共同洗版，短時間內把 #WarAgainstDemocrats（對民主黨宣戰）標籤貼了一千七百多次。伯尼·桑德斯（Bernie Sanders）競選失利，宣布支持希拉蕊·柯林頓（Hillary Clinton）之後的幾週至幾個月，大量可疑帳號湧入桑德斯支持者的臉書頁面，在貼文中不斷重複 #NeverHillary（打死不投希拉蕊），呼籲桑德斯繼續「革命」下去。[29]這些俄羅斯網軍扮成美國人，藉此發布假新聞、精心設計的廣告、河道貼文與相關功能，在各大社群媒體上帶風向。[30]民主黨與共和黨兩邊都被這些帳號明顯操弄，兩黨的支持者都開始以為自己淪為少數派，於是行為變得越來越極端。

克萊姆森大學的研究者派崔克・沃倫（Patrick Warren）與達倫・林維爾（Darren Linvill）從二〇〇九至二〇一八年的大約三百萬條推文中，找出機器人帳號操弄網路輿論的方式。這些推文都是俄羅斯的網軍機構「網路研究社」（Internet Research Agency）以工業方式量產出來的。它將貼文內容整理成簡單的模板，只要稍微調整或直接複製，就可以像瓶裝汽水一樣大量輸出。結果證實這招非常有效，人們看不出貼文背後到底是機器人還是真人，很快就被激怒；而且貼文的內容看起來越極端、越憤怒，引發的怒火就越旺。[31]

其中最賤的做法，就是用機器人網軍去挺那些被邊緣化的人類。這樣一來，最初的極端言論就變成來自真實存在的美國人，機器人只要在旁邊煽風點火，就可以改變言論比例，讓網友開始對立。林維爾提醒我們，「每個人都會相信那些看起來比較可信的人，而不是指著我們鼻子大罵的人。但機器人網軍就利用這個機制，讓我們以為它是我們的朋友。」[32]

而且即使抓出機器人帳號將其禁言，它在網路上造成的情緒影響仍會存留很長一段時間。沃倫認為這才是網軍最可怕的地方，網軍的貼文「就像一種傳染病。即使摘除最初的帶原者，疾病依然會繼續擴散，傷害依然會繼續留在身體裡」。[33]而且網軍的傷害不會只影響推特，更影響到整個美國社會，影響到整個民主。眾議院特別情報委員會（Select Committee on Intelligence）指出，俄羅斯網軍的目的「就是要引發怒火、煽動暴力與抗議，使美國人彼此疏離，不再信任政府機構」。[34]

社群媒體上面的少數觀點，之所以能夠大到讓我們誤判社會的意見分布，還有另一個原因，那就是科學家所謂的「朋友悖論」（friendship paradox）：平均來說，我們的朋友，都比我們擁有更多朋友。這乍看之下匪夷所思，仔細想想就很合理。因為有一些人真的很會社交，朋友真的很多。例如我小時候在霍珀鎮的時候，大概有二十個朋友，其中一個就是喬。喬是個很酷的大明星，大概有一百個朋友，遠遠超過我們。所以一旦把喬加進來，我們這群人的平均朋友數量就會暴增，大部分人的朋友數量都立刻低於平均值。[35]此外，喬實在太受歡迎，我很難不在乎他的看法跟喜好，但最後的結果，就是聽了他的話去嚼菸草。

社群媒體把「朋友悖論」的影響發揮到淋漓盡致。假設你在推特上有一百個粉絲，但其中有一些粉絲比你更紅，他們有一千個粉絲。這些人比你更常貼文，看到的資訊也比你更多樣，跟其他人的連結遠比你多。所以乍看之下他們非常紅，代表整個河道的主流意見，無論他們說了什麼，都會一傳十、十傳百，很快就傳得到處都是。所以無論這些人的意見事實上是否主流，我們都會以為他們代表大多數人。

這些人也許占十分之一。如果他們的態度跟喜好跟大部分人差不多，就沒有什麼問題；但網路上講得最大聲的人，意見往往跟我們都不一樣。他們變成了當代的「紹特夫人」，在線上無理圍剿奇幻作家勞莉．佛斯特。他們的意見明明很小眾，卻能毫不在意地說出來，而且利用網路這個強力大聲公，把意見散播到我們都無法觸及之處。

我們與生俱來的各種偏誤，在網路的放大，以及「朋友悖論」的作用之下，把網路變成了一個群魔亂舞的哈哈鏡迷宮。網路上的一切都失去了原本的形狀，讓我們幾乎無法區分真假，無法區分幻象與現實。

如果不走出這個哈哈鏡迷宮，我們就會成為它的幫兇，餵養更多扭曲的幻象。

幻象世代

還記得前言提到的那個集體錯覺嗎？根據「個體機會中心」的研究結果，百分之九十七的受訪者認為成功是「發揮自己的興趣與才能，把自己最在乎的事情做到最好」，但同時也有百分之九十二的受訪者說，社會上認為的成功是獲得名聲或財富。[36]

也就是說，大部分人認為的「成功」其實都差不多，但卻同時都以為這種「成功」別人不會認可。大部分人都認為，在成就「美好人生」的時候，地位的影響最小，最重要的則是良好的教育、良好的人際關係，以及優秀的品格。[37]這表示大部分的人都跟我們一樣，想要被愛、被在乎、有夠多資源可以過得舒服、身體健康、擁有一份快樂的工作、成為好家長、為社會作出貢獻。

但我們的小孩好像不知道這些事。以名聲為例，你覺得在沒有人站出來討論的情況下，當代的孩子覺得名聲有多重要？

加州大學洛杉磯分校（UCLA）的心理學家，從電視節目傳遞的價值觀中，得到了一種答案。一九六七年的情境喜劇，例如《露西秀》（*The Lucy Show*）、《安迪格里芬秀》（*The Andy Griffith Show*），都以家庭和社區活動為主題。一九七〇年代的《拉文與雪莉》（*Laverne & Shirley*）、《快樂時光》（*Happy Days*）也都是在演鄰居之間的相處。在一九九七年之前，電視節目最常傳遞的價值都是敦親睦鄰；此外慈善助人也很常見，直到二〇〇七年都很主流。但在那之後，我們有了網際網路。[38]

網路的使用者在二〇〇七年達到十一億，超過全球人口的百分之十七。[39]史上第一個原生網路世代，從小看到的價值觀就跟我們不一樣，在他們的世界中最重要的是名聲，其次是成就、人氣、形象，以及發大財。因為歌唱比賽節目《美國偶像》（*American Idol*）以及高中生下課之後去當搖滾巨星的節目《孟漢娜》（*Hannah Montana*）都這麼說。

到了最近幾年，臉書、推特、YouTube大行其道，鼓勵人們自拍、重視自己得到多少關注，似乎形成了一種新形態的自戀。當上YouTube網紅，已經成為當代孩子的第一選擇。根據皮尤研究中心（Pew Research）二〇一八年的研究，百分之三十七的青少年覺得社群媒體逼他們表現得光鮮亮麗，逼他們蒐集一大堆「讚」。[40]一位十一歲的男孩對洛杉磯分校的研究者表示，「我跟朋友開了一個YouTube頻道，想要爭取百萬訂閱。」而且這位受訪者並不在乎要在影片中展現什麼才華，只在乎能得到多少粉絲。研究者忍不住評論道，「但你能怪他嗎？畢竟數位媒體邀你分享自我、獲得關注的方式，就是用瀏覽、點讚、留言次數來衡量一切。」[41]

但這些研究並沒有改變孩子的想法，如今大部分美國年輕人都以為，成功就是在網路上表現得風風光光，就是在虛擬的世界裡追逐虛擬的名聲。就連廣告商也陷入了這種錯覺，他們以為我們都想出名，所以設計出了各種方法讓我們出名。下一代的教育和整個社會的未來，就是這樣被集體錯覺牢牢綁住。繼續臣服於這些集體錯覺，不只會傷害我們自己，也會影響別人。我們怎麼誤解家人好友，就會怎麼誤解群體中的每一個人，就會讓我們嚴重搞錯大部分人真正想要的東西。如果我們繼續把成功當成彼此競爭，世界就會淪為實境秀那樣的零和陷阱：只要有一個人贏，其他人都得輸。

但最悲哀的是，其實大部分人都跟我們一樣不相信這種成功，只是大家都沒有發現。這種觀念之所以變得很熱門，是因為資訊的洪流放大了少數人的聲音，以及我們的認知捷徑讓我們看不見身邊的真實。我們明明都不認為成功是彼此競爭，但卻擔心這樣說就拿不到「讚」，甚至會被「紹特夫人」討厭，所以一直把想法關在心底。

這種趨勢對所有人都很危險。每一代人都是根據上一代的文化習俗和社會規範，去形塑自己的作風；都是在模仿長輩的過程之中找到自己是誰、屬於哪裡。所以如果我們不打破當下的集體錯覺，我們的孩子就會真心相信。

社群媒體已經成為我們生活的一部分，而且即使有更新穎的科技和媒體，也解決不了這個問題。要解決這個問題，只能從我們自己做起。首先，我們理解到社會上對大部分事情的主流意見，很可能都跟我們以為的不一樣。接下來，我們不要讓集體錯覺繼續影響我們的行為，更重要的是，不要讓集體錯覺繼續影響我們看待他人的方式。這些事我們每個人都做得到。我們必須了解，我們的大腦既不擅長判斷社會中的現實，也不擅長判斷別人的意圖；此外，我們非常仰賴二手資訊。我們一旦知道這些事，就會發現原來我們一直都在彼此誤解，一直都在彼此傷害。

雖然集體錯覺的力量很大，但它們也相當脆弱。它們之所以存在，是因為我們讓它們存在。只要我們每個人都負起責任，知道自己的想法跟行為會形塑幻想、改變現實，社會中的集體錯覺就會逐漸消失，每個人都會更加幸福。

Part

Three

重拾我們的力量

放棄力量最常見的方式，就是以為自己沒有力量。

愛麗絲・華克（Alice Walker）

Chapter 7
一致性的優點

人生最高的榮耀就是成為你自己。

——卡爾．古斯塔夫．榮格（Carl Gustav Jung）

鮑伯．德萊尼是你能見過最聰明、最仁慈、最善良、最有同情心的那種人。七十歲的他銀髮藍眼，臉蛋圓潤、肩膀厚實，帶著濃厚的紐澤西口音，高風亮節享譽鄉里。但鮑伯也比任何人都更能告訴你，被錯覺控制有多可怕。

鮑伯在紐澤西帕特森鎮的一個愛爾蘭—義大利社區長大，當地人際非常緊密。鮑伯是州警的好兒子，深受家人朋友鄰居的喜愛。他小時候上的是天主教學校，接受嚴格的管教和規律的體育訓練，原本還認為長大之後會成為神父。他曾經打趣道，「愛爾蘭天主教家庭的小孩，就是每天早上醒來都覺得自己犯了什麼錯」；但鮑伯眼光犀利，頭腦聰明，從來沒有惹過麻煩。上了高中之後，他愛上籃球比賽那種緊張刺激的感覺。當時的他誠實認真，一心想要成為理想中的大人。

所以二十一歲那年，鮑伯自然而然跟著父親的腳步成為一名州警，也愛上了這份工作。他跟父親一樣，每天都以整潔的制服與警徽，以及擦得閃亮的警靴為榮。他每天在州際公路上來回奔波，但從來不以為苦，就連假日也睡在警察宿舍。因為協助那些請不起警力的小社區，給了他莫大的成就感。當時鮑伯的人生目標很清楚：[1]「我覺得自己就像是《王牌騎警》（*Dudley Do-Right*），使命就是抓住壞人。」[2]

但一九七五年的某一天，州警分部給鮑伯派了一個奇怪的任務。副中隊長知道這位年輕的警員充滿熱血，問他是否願意應徵出差，參加為期六個月的組織犯罪調查。當時澤西州的海邊布滿黑道，經常對中小企業肆意勒索，要求天價的「保護費」。而這些無力反抗的守法公民，正是鮑伯選擇成為州警時發誓要守護的目標。所以鮑伯二話不說，接下了這個難得的任務。

這個「阿爾法計畫」是州警局和聯邦調查局（ＦＢＩ）合作的秘密任務，成員是三名ＦＢＩ探員加上兩位州警，目標是滲透當地惡名昭彰的伊莉莎白．吉諾維斯、布魯諾、甘比諾、德卡瓦坎特家族，蒐集他們的犯罪證據。當時熱情天真的鮑伯認為，這半年的「酷」任務能夠一圓小時候的偵探夢。上級要求這個小隊在當地開一家卡車公司，吸引黑道的注意，最後認識黑道裡面的人。

這份任務讓鮑伯完全放棄過去的州警生活。他毫無預警地從警察局辭職，身邊的朋友，甚至州警搭檔，都以為他是惹上了什麼天大麻煩。但他嚴守秘密不回答任何問題，不走漏臥底任務的一丁點線索。就連家人都不知道他跑去做了什麼。他回憶起當時的自己，說：「我從地球表面消失了，踏入黑暗的邊緣。」

鮑伯在臥底的時候完全變成另一個人。他改名叫「鮑比．寇佛」（Bobby Covert。Covert的意思就是假身分，但愛爾蘭人真的有這個姓氏，而且不知為何，一九七〇年代初的人都不會去聯想這個姓氏背後的涵義），從一個整潔的年輕警察變成了一個散亂骯髒的傢伙，他增胖了十五公斤，偽裝成一個比實際年齡大四歲的傢伙，掛著一副壞人鬍子，每隔幾天就用電棒把自己的整頭頭髮燙捲。

沒過多久黑道就來了，從鮑伯的卡車事業裡搶走四分之一的利潤。一位名叫派特．凱利（Pat Kelly）的ＦＢＩ線人過來幫鮑伯打理生意，教了他很多東西。派特原本是黑道成員，但不想被關，所以乖乖跟ＦＢＩ合作，把黑手黨的所有運作方式全都告訴鮑伯；同時還用自己的人脈，讓鮑伯取得黑手黨的信任。沒過多久，黑道的兄弟就走進了鮑伯的公司，在樓上喝紅酒、看電視、想著接下來要去勒索哪家企業；鮑伯跟派特則是每天花十五個小時來經營卡車公司。這時候，他們的卡車已經全都在運送黑道的贓物：偷來的腳踏車、衣服、3C產品等等，整家公司都變成黑道的打手。但這些全都在FBI的竊聽之下，每個動作、每句對話、日常生活的每一句髒話，都被FBI錄了下來。

這種偷拐搶騙的世界，逼得鮑伯越來越會偽裝。他一開始刻意模仿黑道分子的狂妄冷血，後來不自覺地變得越來越像他們。他開始滿嘴髒話、咄咄逼人，他在黑道裡爬得越高，作風就越像滿肚子壞水的大尾流氓，越來越記不得自己真實的身分。「我的想法不知不覺改變了，」他後來說，「變得跟真正的黑道沒兩樣。」[3]

FBI對鮑伯的結果很滿意，希望他蒐集更多證據。他們延長任務期限，出錢擴張他的卡車公司，鮑伯成了總裁。就這樣，幾個月變成了幾年，鮑伯開始穿上黑道大哥那種發亮的三件式西裝，開著黑道大哥最愛的車型Lincoln Mark V；請那些牛鬼蛇神吃高級餐廳，開著黑道才懂的玩笑，甚至花時間去陪伴黑道分子的家人。臥底身分「鮑比．寇佛」越來越像他真正的人生。

但這新生活也有不少缺點。鮑伯總是無法真正放鬆，總是忍不住厭惡自己的身分。「我整個人生像是泡在馬桶裡面，泡得夠久就會開始發臭。」[4]

到了「阿爾法計畫」的第三年，鮑伯確定自己知道太多了，黑道一旦發現他是臥底，他一定沒命。強大的焦慮與壓力開始傷害他的身體：他出現心悸、醒來時永遠滿身大汗，而且皮質醇（cortisol，讓我們應付壓力的激素）濃度過高，新陳代謝、免疫、壓力反應的機制全都暫停運作。他開始慢性腹瀉，開車開到一半經常得停在路邊嘔吐。甚至有那麼幾次，他以為自己出現心臟病。鮑伯盡可能無視這些徵兆，但他知道這都不是二十幾歲的年輕人該有的。

某天晚上他搭上黑道分子的車，道德一度跌到谷底。他跟派特一起坐在後座，拉瑞跟蒂諾兩個最笨的小弟在前面開車。鮑伯打開公事包想檢查東西，但公事包的鎖頭一彈開，所有人都愣住了，因為那個聲音實在太像槍枝上膛。當然，後來大家都發現這只是一場誤會，但緊張到了極點的鮑伯卻出現了一個可怕的想法：「下次我真的在裡面放一支槍吧？這樣一切就結束了。蒂諾會以為那只是公事包，然後我就直接崩了他的後腦勺，然後在拉瑞轉身阻止之前給他一槍。這樣就只剩派特了，扣下扳機時也許我會掙扎，但還是得殺。沒有人能活著離開。」[5]

當你沒有退路，你就會把一切都合理化。

無間道的代價

鮑伯的個性、教養、價值觀，讓他一直沒有真正墮落下去。但臥底生活讓他長期認知失調，精神嚴重受傷。他在當州警的時候，可以安安心心地當一個信仰上帝、法治、真理、正義的好人。但他變成了「鮑比．寇佛」，一個邪惡的卡車公司老闆，整天跟殺手小偷稱兄道弟。「鮑比．寇佛」跟那些道上兄弟混越久，把越多黑道的秘密告訴州警局和ＦＢＩ，就離原本的「鮑伯．德萊尼」越遠。鮑伯花了一輩子去建立自己的認同，又在臥底過程中一一親手摧毀。

鮑伯揭發這些黑道之後，接受了好幾個禮拜的全天候保護；但之後還是得靠自己。他在床頭放了一把槍，走到哪裡帶到哪裡。他會在凌晨兩點醒來，以為家裡被人入侵；他撥開浴簾的時候總是覺得後面有人。他的家人朋友和每一個認識的人都認為他是英雄，但他一點也不覺得。生活中一點風吹草動就會讓他緊張，有一次他開門去車道上拿報紙的時候，看到一臺直升機低空飛過，他立刻衝回家裡，砰一聲關上大門。他以為黑道來尋仇了，但其實那臺直升機只是在噴殺蟲劑。

他臥底時也養成了一堆壞習慣。他變得像黑道一樣喜歡亂罵人，喜歡用亂花錢來獲得歸屬感。他出現暴力傾向，經常把家裡的牆壁打得坑坑洞洞，然後去大賣場買廉價的複製畫遮起來，[6]「客人來到我家，都會好奇為什麼牆上掛著這麼多畫作。」[7]

鮑伯遇到的困境，就是開創心理治療的人本主義心理學家卡爾・羅傑斯（Carl Rogers）所謂的「自我不一致」（incongruent）。[8]羅傑斯的「一致」是指內心與行為保持協調，不一致的人則是說一套做一套。羅傑斯認為，當你「自我不一致」，你就背叛了自己，必須額外付出心力去維持虛假的形象。[9]這種「自我不一致」把鮑伯的人生害得千瘡百孔。

鮑伯的狀況可能很極端，但並不罕見。當代的美國鼓勵人們自我不一致，讓很多人自欺欺人、否定一切。大家都不相信陌生人會說實話，大家覺得政府只會騙人。在這個時代，我們一方面想彼此真誠相待，另一方面又擔心受到批評，所以經常把真誠當成天真，不再思考自己到底相信什麼，而是去關心別人怎麼看待自己。在社群媒體出現後，每個人都在「經營自己的形象」，每個 Instagram 的網友都一邊知道別人的照片都是裝出來的，一邊自己跟著假裝。無論我們喜不喜歡，生活中都充滿了謊言、虛偽、口是心非。

我們太習慣這種自我不一致，沒有注意到它對我們，以及對整個社會造成了多大的傷害。自我不一致的生活方式，讓整個社群網路把撒謊當成常態，讓謊言、惡行、有害的行事風格越來越普遍。[10]最後這片危險的黑土，就讓各種集體錯覺生根茁壯，四處蔓延，在各個角落結出有毒的果實，摧毀我們原本能夠共同相信的現實，阻礙了社會發展。更可怕的是，這些集體錯覺讓我們無法正確理解自己與他人，所以集體錯覺不僅不會越來越少，反而會越來越多，最後每個人的人生就像梭羅（Henry David Thoreau）說的那樣，「陷入死寂的絕望」。[11]

我們怎麼會淪落到這番境地？答案還是跟我們大腦的演化基礎，以及深深影響每個人言行舉止的社會基礎有關。我們經常以為我們是根據自己相信什麼，來決定自己要成為怎樣的人；卻忘了我們會相信哪些東西，其實跟很多我們不會注意到，也無法控制的社會環境與認知過程有關。此外，認知失調帶來的不適，會讓我們的大腦在潛意識下幫自己的行為找藉口，並影響我們的行事作風。

真要說起來，認知失調會讓我們在面對矛盾的時候，開始欺騙自己。當我們希望發生某件事，或者覺得好像要發生某件事，但又同時知道眼前發生的是另一件事，我們的信念跟行為之間就會彼此打架。這種時候，如果我們已經做出一些違反價值觀的事情，我們就會下意識地改變想法，我們會把價值觀稍微扭曲一點點，讓它符合我們的行為，避開言行之間的矛盾。[12]

問題是，這種為了利益而扭曲自我認同的做法，會影響日後的行為。當我們為了避開矛盾而幫自己找藉口，我們原本客觀的思考方式就會開始一點一滴扭曲變形。[13]我們會開始認為自己的所有行為都有理由，然後做事越來越不負責任，最後千錯萬錯都是別人的錯。當我們習慣重新定義自己的言行，習慣幫自己的行為尋找外部原因，我們就會逐漸覺得這種生活方式才是對的，開始義正詞嚴地辯護自己的各種恐怖惡行。

食髓知味

《紐約時報》記者傑森．布萊爾（Jayson Blair）在二〇〇三年因抄襲和捏造報導而辭職，他認為自己會犯這樣的錯，是在認知失調之下不斷食髓知味。他在二〇一二年接受哥倫比亞電視網（CBS News）採訪時表示，「你一旦越過了線，發現做壞事不用付出代價，就會開始幫自己找藉口。你會說『我人這麼好，犯這一點小錯沒什麼；而且這只是一個把事情辦好的小撇步』。」[14]我們的壞事就是這樣越做越大。這種自我辯護會讓我們越來越無視道德，藉口越說越離譜。實驗也發現，只要讓受試者身處的道德爭議慢慢變嚴重，進入所謂的「食髓知味狀態」（slippery-slope conditions），他們做壞事的頻率就會增加到兩倍以上。[15]簡單來說，我們只要能一直找到藉口，一直相信自己是好人，我們就會繼續做壞事，直到被抓包為止。

還記得第二章的說謊實驗嗎？給受試者錢，叫他們假裝測驗很有趣的那個實驗。有些受試者拿到二十美元，有些只拿到一美元，拿到二十美元的人大都知道自己在說謊，拿到一美元的人卻開始相信測驗真的有意義。研究者費斯廷格認為，這是因為只拿一美元的人扭曲了他們看到的現實，「人一旦餓了就會想吃東西，認知一旦失調就會想要改變想法或行為。」[16]當我們開始做出一些小奸小惡，例如說一些我們認為無害的謊言，我們就會逐漸把這些行為視為理所當然，然後在幾乎沒有意識到的情況下，做壞事就變成習慣。

反正無論如何，我們的大腦都會讓眼前的一切看起來沒問題。但鮑伯的故事告訴我們，長期自欺欺人會讓人崩潰。鮑伯每天都一邊扮演正直的臥底，一邊努力扮演黑道的好哥兒們。但他並不知道，他每次做壞事的時候，腦中的神經網路就會響起警報，說他犯了錯。所以長期下來，他的大腦不斷應付兩種不同的標準，最後變得無法放鬆，過度警覺。[17]心理學家認為，要成功地扮演別人，就得讓認知反應和各種互動無縫接軌，是一種人腦能夠處理的最高階認知活動。[18]這可沒有撒謊那麼簡單，撒謊只要掰出一個答案就可以了，扮演還得編出一整套設定來隱藏真相，讓其他人相信你掰出的答案。要做這種事，你的大腦得火力全開。[19]

所以鮑伯在高度焦慮的情況下陷入了自我不一致，他的大腦雖然不斷透過各種方式權衡他假扮出來的情緒與內心真實的感受，但依然扭曲的長期記憶跟控制認知的能力。大腦調整了情緒能力，讓他更能主動控制自己的決定跟言行，藉此隱藏臥底的秘密。[20]但維持這種控制能力所需要的運算，遠比照章行事實話實說，複雜很多很多。[21]

哥倫比亞大學神經科學家喬伊．赫許（Joy Hirsch）和流行科技雜誌《連線》（Wired）的專欄作家史蒂夫．希伯曼（Steve Silberman），曾經討論過自我不一致會對大腦造成怎樣的影響。希伯曼在二〇〇六年自願接受過測謊，而且不是使用那種很不穩定，很容易被說謊專家騙過去的傳統測謊儀，而是功能性磁振造影。

實驗的過程，是先讓希伯曼掰出一項關於自己的設定，然後在心中默念這些設定，讓功能性磁振造影機器這個「心靈判官」來觀察他大腦的變化。希伯曼看到訊號之後，就開始默念「我沒結過婚，在德州讀高中的時候交了一個叫作琳達的女友。我還記得跟她分手的那天晚上，站在她家門口的樣子。」但其實希伯曼是紐澤西人，到了大學才談過戀愛，二〇〇三年結了婚，過得相當美滿。[22]

實驗結果發現，希伯曼的大腦在誠實和說謊時的表現明顯不同。在誠實的時候，大腦中與情緒、衝突、認知控制相關的部分（這些部分也負責「戰鬥或逃跑」本能反應）都很安靜；但一開始說謊，這些區域就全都活躍起來。[23]

研究還發現，無論你多會撒謊，大腦都知道背後的真相，而且你說一次謊，大腦就記上一筆。科學告訴我們，你騙得了別人，但騙不了自己。[24]

鮑伯就是這樣，他心底一直知道撒謊造成了多大的影響。他說：「我整天說謊，還跟那些犯罪歹徒稱兄道弟。我無法為此感到驕傲。」[25]臥底的過程讓他失去了許多過去的聯繫，而且嚴重自我懷疑，甚至覺得自己沒有價值。三年之後，那些黑道終於被逮捕，但其中有很多已經真正和鮑伯成為朋友。長期的自我不一致讓鮑伯的心滿目瘡痍。

自尊何處尋

我在一九九六年的生活，就像老家的那臺鐵鏽色雪佛蘭一樣。車子後座的地板上有個很大的洞，可以直接看到路面。每次有人來搭車，我們都得請他們把腳盤起來，以免不小心踏進去。

我的童年過得不好。雖然家人很愛我，生活也算穩定，但學校表現非常糟糕。我在高中三年的成績太爛，爛到校方禁止我去參加我唯一喜歡的體育活動，最後甚至還沒有畢業。我無論怎麼努力，都只會讓碰到的一切支離破碎。二十一歲的時候，我跟妻子生了兩個孩子，但我無法養活他們三個。我在猶他州奧格登的貝果店打工，領最低薪資，靠社會福利跟食物券過活。我的日子就像俗話說的那樣爛到谷底，爛到怎麼走都是上坡。

我討厭自己，覺得自己一無是處，陷入嚴重的自我不一致，而這些特質變成了自我實現的預言，讓身邊的人退避三舍。當時我幾乎沒有朋友，[26]但還是像變色龍一樣不斷鑽進各種團體，尋找一時的歸屬感。我假裝去信摩門教、假裝成為運動咖、假裝自己是猛男。無論我碰到什麼挫折，我都說那是別人不好，不是我的錯，我沒什麼好怕的，反正又沒有失敗。這時候的我才剛過了法定飲酒年齡，自尊就徹底破碎。我完全不想改變自己，我相信所有充實自我、贏得尊重的方法都是騙局。

但身邊的人總是皺著眉頭說，「你這麼聰明，怎麼連試都不試？隨便試一下都會成功啊！」他們的態度讓我更難過，畢竟世界上比魯蛇更慘的，就只有那些又聰明又失敗的魯蛇。但我當時的應對方式，卻是「好啊，我就爛！」我把這種身分像看板一樣掛在身上，讓大家都知道我是個又聰明又失敗的魯蛇。我太聰明了，聰明到什麼事都做不好，什麼事情都不順利，[27]我聰明到知道自己的人生完蛋了，而且完全沒辦法補救。對，我放棄了希望。

直到某一天，我在午休時間走出貝果店，來到連鎖書店邦諾（Barnes & Noble）的自我成長書區，剛好摸到了心理學家奈森尼爾·布蘭登（Nathaniel Branden）寫的《自尊的六大支柱》（*The Six Pillars of Self-Esteem*）。內容似乎很有趣，但我買不起，所以我就坐在店裡把它看完。[28]布蘭登在書中指出，自尊來自「相信你的內心，相信自己能夠獲得幸福」。

書中有幾段深深打動了我，「自尊是我們心底的感受，存在我們的內心深處，是我們對自己的看法與感覺，不是別人怎麼看我，怎麼想我。自尊源於內在，而且注定源於內在，注定只能從我們的行為而非別人的反應中產生。如果我們從別人的行為中尋找幸福，注定只會招來悲劇。」[29]

在那之前，我一直以為價值來自於其他人的認可，但這位心理學家的意見完全相反。布蘭登認為，我們之所以會遇到壞事，大多都是自己害的。我之所以陷入痛苦，是因為我內在不一致。這個說法讓我突然意識到：難道我活得這麼糟糕，並不是因為我生來就是魯蛇，而是因為我沒有照著我心底的願望去做？這種觀點新奇得讓人頭皮發麻，我這個聰明的人之所以會活到一窮二白，其實是因為一直在用別人的方式去活？布蘭登的觀點，讓我決定從頭到尾檢查一次自己到底相信哪些東西。

過去的慘痛教訓讓我發現，用別人的標準來衡量自己，會讓我失去自尊，並且陷入更大的風險之中。[30]但我從來沒有徹底反思過自己相信什麼，所以我開始寫日記，結果發現超級有用。[31]寫著寫著，我發現自己很愛迎合他人，而且一點也不合理；我還發現，其實我滿擅長某些東西，而且我的失敗跟自欺其實都有規律可循。最後，我發現只要別人給我負面回饋，我就耿耿於懷。原來如此，難怪很多人我明明根本不在乎，我卻汲汲營營地想得到他們的肯定。[32]

於是我開始質疑過去習慣的思考方式，我開始相信，遇到困境時可以找人幫忙。這個想法讓我像蛻皮一樣脫胎換骨，告別長久以來的自我不一致，不再迎合他人，不再當那個聰明的魯蛇。我成為了全新的自己，獲得自信，覺得人生真的有希望。到了某天我終於明白，「我現在可以作出真正正確的選擇了。」於是在成年之後，我第一次因為自知而獲得平靜。

最後，我發現自尊就是自我一致。

卡爾．羅傑斯認為，只要達到自我一致，就能夠開放、真誠、包容、有同情心，並且成為真正的自己。這樣的人能夠完全發揮自己的潛力，達成馬斯洛（Abraham Maslow）需求金字塔的最高層次：自我實現（self-actualization）。[33]簡單來說，當你依照自己的價值觀去生活，你就會活得更滿意，變得更快樂。

我活得更一致之後，考到了同等學歷文憑。我上了大學，主修心理，以最高成績畢業。踏進那家連鎖書店的五年之後，我成了哈佛的研究生。二〇〇七年，也就是我人生落到谷底，在貝果店打工的十一年後，我穿上袖子襯有三條黑天鵝絨的長袍，拿到博士學位。過去的那個「聰明魯蛇」要是聽到這些發展，肯定只會當成笑話。

好啦，我的故事就說到這裡，我們來看看數據。

我的組織研究發現，獲得成功的唯一方式，就是真正做自己。說真的，「成功」是一件非常個人的事情，跟別人怎麼想根本毫無關係。我們研究了五千多個人，每一個受試者對成功的定義都不完全一樣。[34]也就是說，能讓你「成功」的事情，就像你的指紋一樣獨一無二。既然如此，唯一能夠獲得成功的方法就是保持自我一致，不要去管別人的看法，全心投入你最重視的事情。

自我一致不僅能讓我們更容易成功，還會讓我們變得更值得信任、經營出更好的人際關係、對生活更滿意。[35]「個體機會中心」研究指出，我們只要多花二成的時間做自己真的在乎的事情，生活滿意度的提升程度，就會跟加薪五成相等。而且無論在乎的事情是什麼都可以：種花、陪寵物、玩音樂、陪兒孫都沒有關係，只要你享受的是自己喜歡的巧克力冰淇淋，而不是別人喜歡的香草冰淇淋。

所以停下來想想吧。你喜歡的到底是什麼？

此外我們還發現，那些在別人的標準上功成名就，也就是賺很多錢、買大房子、成為 YouTube 超級網紅的傢伙，對生活的滿意度反而沒這麼高。[36]

當然，「做自己」這種事說來簡單做起來難，而且其中一項原因，就跟我們學習新知的方式有關。這年頭網路上什麼都有，就算是你廚房抽屜的滑軌壞了，上網查一下都可以知道該怎麼動手換。問題是，如果你不是在家裡，而是在工作室裡面，而且工作室裡其他人都已經在換滑軌了，你會怎麼做？

你會直接照抄別人的做法，對吧？你對一件事情的所知越少，對自己的知識與能力越沒自信，就會越仰賴模仿。同理，當你覺得自己缺乏知識技能，甚至你的親朋好友也這麼覺得時，你們就更可能無視結果是好是壞，直接照著成功人士的方法來做。[37]但正如之前所說，這是一條死路，模仿陷阱只會讓你們一起掉進集體錯覺。

經濟學家已經發現，你的自信每增加一分，對別人的行為的重視程度就會減少三分。[38]同樣地，你的技術變得越高超，模仿別人的可能性就越小。你變得越強大，就越不在乎社會怎麼想，你的自尊以及整體健康、整體快樂程度都會跟著增長。[39]這種心理免疫力，讓你即使面對挫折也能不屈不撓，而且更不容易陷入憂鬱、焦慮、飲食失調。[40]

這種改變乍看之下很難，其實相當簡單。其實發展自我，就跟修理廚房抽屜一樣，只要主動學習，並且不斷練習，就可以讓你的自我越來越一致。因為我們的大腦，本來就是為了保持自我一致而生。

天生愛真理

有一種叫作「經濟人」（Homo economicus）的觀點，認為人是經濟動物，每個人的選擇主要都是為了自己的利益。但如果人類真的是這樣，我們在撒謊不用付出代價的時候會怎麼做？應該會放肆地欺騙彼此，獲得利益吧？

研究人員設計了一個實驗來測試。他們打電話給很多德國人，叫他們在家裡擲硬幣，然後在電話裡告訴研究人員擲出什麼。如果是正面，就什麼都沒有；如果是背面，可以得到一張禮券。受試者完全不認識研究人員，研究人員也完全看不到真正擲出的結果，所以無論擲出的結果為何，說「背面」都是利益最大的選項。如果人完全是經濟動物，應該會有一大堆受試者說謊，畢竟說謊毫無代價。在這種時候，人為什麼要說實話？顯然不是因為外界的條件，而是因為良心會過不去。

但研究結果，卻發現回報「反面」的比例並非百分之百，而是只是接近五成，甚至還比「正面」少。也就是說，明明說謊毫無代價，大部分的受試者，甚至所有受試者卻都說了實話。研究人員認為，這表示道德並不像那些冷言冷語一樣，能夠輕易被金錢收買；許多人很可能「在報告個人資訊的時候，都會本能性地避免說謊」。[41]其他研究也發現，說實話會讓我們分泌多巴胺，這種激素讓我們更快樂，同時也對別人更友善、更公平。[42]說謊本身的無形代價，以及說實話的好處，都像是某種天生的自白劑，讓我們天生就想說實話。

我們欺騙別人的時候，腦中會發出警告，說實話的時候則完全相反。在演化的過程中，我們天生就渴望彼此信任、彼此分享、自我一致，這樣才能活過大自然的考驗。之前提過，催產素會讓我們更依戀社群，畢竟打從人類還住在洞穴，四處遊獵的時代開始，嬰兒、家庭以至於整個部落的存亡，就都仰賴於彼此共享資源與食物。基督宗教的聖餐禮不只是一種隨處可見的儀式；一群人聚在一起掰開麵餅，本身就能增強彼此之間的聯繫。[43]我們打從小嬰兒的時候開始，就能夠分辨行為的善惡，辨認出哪些行為不公平。三個月大的嬰兒看木偶劇的時候，就會比較喜歡那些「友善」的角色而非「刻薄」的角色。等他們長到一歲，就會認為每個人拿到的餅乾應該一樣多。[44]

長大成年之後，我們的大腦依然喜歡良善和公平。我們只要意識到自己是好人，做過好事，之後就會想去做更大的好事。有一項實驗把一百位大學生分成兩組，要求其中一組寫下之前做過的好事，另一組寫下之前做過的壞事或不好不壞的事；寫完之後，研究人員給他們車馬費，並邀他們捐款給慈善機構。寫下好事的那一組捐出的金額，平均來說超過了實驗車馬費的一半，額度幾乎是另一組的兩倍。另外，那些在描述自己的善行之後，又大費周章描述對方如何回應的人，捐出的錢似乎明顯比那些只描述善行的人少。也就是說，那些只在乎善行的人，似乎比那些又在乎善行，又在乎外在形象（也就是善行得到的回應）的人更慷慨。[45]

回想自己如何幫助別人，會讓我們覺得自己更像是個好人，也讓我們之後更有可能幫助別人。但當我們一開始就覺得自己只是在扮演好人，接下來也更有可能繼續做作下去。[46]

所以要對抗從眾偏誤，首先就要了解自我一致有多麼重要。誠實、正直、慷慨、仁慈……這些深植我們心底的美德，都比社會規範更重要。無論外在環境如何改變，這些美德都決定我們是怎樣的人。我們是因為無論如何都深信這些美德，才緊緊擁抱它們，不是因為別人怎麼說。只有擁抱這些美德，我們才能像鮑伯一樣，對鏡中的自己說「我是一個好人」。

我們不是那種只在乎利益的經濟動物，很多時候即使必須犧牲利益，我們也會選擇保持自我一致。我們喜歡說真話，我們腦中的那些化學物質，讓我們在面對自己和他人的時候更真誠。因為說實話的感覺，比說謊舒服多了。

真誠與真實

為了保持自我一致而掙扎，當然不是什麼新鮮事。自古以來，人類都在讓每個人對自己真誠，以及整個社會一起陷入錯覺之間不斷拉扯。

莎劇《哈姆雷特》（*Hamlet*）裡面的皇家老臣波洛紐斯（Polonius），告誡自己的兒子萊阿提斯（Laertes）：「人生最重要的就是對自己誠實／之後才不會對別人虛偽／這道理天經地義，就像日夜更迭。」當然啦，波洛紐斯說這種話有點反諷，他自己就不斷說謊、監視別人，而且最後因此而死。但這句話本身還是一句很受用的老人言。

不過「對自己誠實」、「自我一致」究竟是什麼意思？這在英文裡可以分為兩個詞：真誠（sincerity）和真實（authenticity）。

「真誠」在西方的意思是「不欺騙、不虛偽、不裝模作樣」，至少從亞里斯多德的時代起就是道德的核心，[47]它希望我們在人們面前表現出來的東西，就是自己私底下相信的東西。這個詞來自拉丁文的sincerus（乾淨、健全、純潔），古代用來形容那些沒有破損、偽造、修補、羼雜質的物品，例如斯巴達人如果發現雙耳罐裡的酒變了味，可能就會說它不「真誠」。到了十六世紀初，新教改革者開始用這個詞來描述道德，後來的清教徒也這麼做。於是「真誠」從此就帶有重視內在而不做作的意思，而且因為當時的天主教會謊話連篇，言行一致的「真誠」之人，相比之下就更為高風亮節。[48]

文藝復興時期的法國作家蒙田（Michel de Montaigne）把「真誠」的概念進一步發揚光大。蒙田深受塞內卡的啟發，並影響了之後的莎士比亞，他認為真誠的前提是自我反省，「我真心對自己懺悔時，發現即使是我最好的行為，都帶有一點邪惡的成分。」[49]所以要做到真誠，不僅必須誠實，還必須公開承認自己和社會的不完美。蒙田的筆記告訴我們，一個試圖忠於自我，試圖在別人面前展示真實自己的人，會是什麼樣子。

但也從那個時候開始，西方文明對於真誠的態度一直搖擺不定，有時候把它當成美德，甚至視為某種公德（civic virtue）；有時候又認為它無關緊要，甚至顯得天真愚蠢。在馬基維利（Niccolò Machiavelli）這種文藝復興哲學家眼中，真誠是傻瓜才會做的事，反而是用虛構出的真誠來操弄別人，才真的有用。法國國王路易八世（Louis VIII）和太陽王路易十四（Le Roi-Soleil）的宮廷，把虛偽做作演變成一門藝術。以素顏示人是白癡，戴上蓬鬆假髮，畫上濃妝穿上高跟鞋才是王道；而且每個動作細節都要符合荒謬霸道的華麗規範，無論是怎麼保持個人衛生，還是刻意把小指指甲留得很長，藉此敲國王的房門。[50] 早期啟蒙運動的伏爾泰也在《憨第德》裡面把真誠描寫為不經世事，主角一開始很真誠，經過一番歷練之後，結尾變得現實許多。[51]

但日內瓦哲學家兼作家盧梭（Jean-Jacques Rousseau）認為真誠非常重要，並將這種美德的價值提到全新的高度。他們這群浪漫主義者認為，人生最重要的事情就是全心全意地生活，保持自我完整一致。在他們的詮釋下，乾淨、健全、純潔這些古老的含意，都適用於個人，都是重要的道德價值以及每個人應該擔負的責任。大西洋另一岸的富蘭克林（Benjamin Franklin）也追隨他們的腳步，以每個人的正直一致作為民主的根基。

可惜沒過多久，人們又捨棄了真誠，再次投向更為辛辣刺激的偽裝、挖苦、諷刺。《紐約時報》作家蘿拉．吉普妮斯（Laura Kipnis）說得好，「早在賀曼（Hallmark）卡片把『真誠』的意義消磨殆盡之前，這個詞就已經是明日黃花。」（譯註：賀曼卡片是美國的賀卡公司。英語的賀卡底部都印有 sincerely 這種樣板字眼，類似於中文的「祝健康快樂，萬事如意」。）[52]

至於第二個詞則是「真實」。這個概念比較沒那麼說教，它指的是不造假，不造假似乎很好，但未必跟道德有關。例如商管書就希望領導者保持真實，希望他們面對自己、知道自己在做什麼、自律、追求自己相信的價值。[53]但真實跟美德彼此獨立，無論你是好人還是壞人，相信的價值是善是惡，只要忠心去追求自己相信的價值，都是真實。狄更斯（Charles Dickens）《小氣財神》（*A Christmas Carol*）的主角史古基（Scrooge）一開始就是一個「像打火石那麼尖酸刻薄的守財奴，整天埋首工作」。他全心全意當金錢的奴隸，是一個相當真實的人，但並不是個好人。[54]

真誠跟真實分別就是上面的意思。所以當真誠已是明日黃花，真實已經寥寥無幾的時候，我們心中還剩下什麼？

「誠」

其實在我們西方人的重要哲學家，還沒苦思做人該不該保持真誠之前，中國的孔子就提出了「誠」。孔子出生於西元前五五一年，比亞里斯多德早一百六十七年，「誠」這個概念也比真誠更為複雜，它同時包括對自己保持一致，以及對他人負擔義務。

克萊姆森大學的中文系與哲學系教授安延明表示，「誠」是指和自己、他人、甚至整個宇宙維繫正確的關係。西方的浪漫主義，崇尚忠於自己的內心和靈魂；「誠」則認為忠誠的對象不只是自己，而是一些每個人都共有的屬性。它甚至根本沒有把個人與社會視為兩種東西，認為我們應該同時真實地對待自己和他人。

「誠」意味著信任、守真（接受我們共享的現實），以及表裡一致。當我們值得信任，我們就會同時促進自己與整體社會的福祉。我們會大公無私、非常盡責，「無論何時何地都能造福所有人」。安延明表示：

> 誠的重點是不分陣營、不分你我。即使雙方對社會的理解不同，依然彼此尊重……無論我覺得你的想法正確還是錯誤，只要你真誠對待自己的想法，並真正為此付出，我就會敬重你。我敬重的不是你相信的內容，而是你對真理的態度。因為無論我們相信的東西是否相同，背後的態度都一樣。[55]

安延明還說，「『誠』從一開始就是獨立的價值，是其他德行的源頭，也是解決『知行不一』的唯一方法。它從根本上就讓我們不會像那些對自己真實的壞人那樣『全心全意地做壞事』，所以在理論上，它永遠不會對社會造成負面影響。」[56]

這樣說來，「誠」是公民都該具備的美德，而且它跟富蘭克林在美國開國時期想要闡述的東西其實很像。富蘭克林沒聽過「誠」這個詞，但認為在一個共和政體中，真誠必不可少，因為這樣才能對抗各種巧詐的政治權術。他認為在最理想的社會中，每個人應該都直接公開自己的動機。富蘭克林在〈十三美德〉（*Thirteen Virtues, 1730*）中提到真誠，建議讀者「不要以欺詐害人、思想要純潔公正，說話也要如此」。[57]

可惜在當代的民主之中，富蘭克林的意見跟他的穿著一樣，似乎都已過時。但「誠」真的那麼沒用嗎？想像一下，如果你以「誠」安身立命，做人完全可信，言行完全一致，但同時也知道如何說話得體，那麼你勢必會獲得大量的信賴。每個願意面對真相，不想躲進妄想的人，都會非常重視你。「誠」不僅會讓你持續獲得眾人的敬重，更會讓你逐漸破除社會上的各種集體錯覺，讓真相再次浮現。而當你們把真相看得越清楚，你的自尊就會越穩固，人際關係也會變得越好。當你真正做自己，發揮最大潛能，你就能逐漸獲得馬斯洛所說的自我實現。

「誠」就像是機械中的飛輪，一旦轉動起來，就可以維持每個人的人生和整個社會都走上正軌。我在寫這句話的時候，覺得我們的世界已經來到了一個轉捩點。也許我太過理想，但我認為只要回顧歷史，就會知道也許長期以來的錯誤即將結束，如今我們可以重新思考自己的生活，讓未來的世界擺脫過去的沉痾，變得更為自我一致。

自我一致的好處

鮑伯．德萊尼花了很久，終於脫離臥底西海岸黑道的那段日子，找回自己原本的樣子。

警局裡一個心理系畢業的同事，在執行「阿爾發計畫」的時候覺得不太對勁，於是去問鮑伯發生了什麼事。後來，鮑伯又跟之前的一位心理學教授說出了自己的內心掙扎，教授說，你很可能陷入了創傷後壓力症候群（PTSD）。於是鮑伯繼續講述痛苦的經歷，說多了以後，心裡也慢慢好過。

幾年之後，他慢慢轉向一種自我一致，很有「誠」味的新生活。過去的壞習慣很難改，但鮑伯非常認真地要求自我，每天努力不懈。他幾乎讀完每本自我成長書籍，在每一本中找到自己曾經遺漏的一些碎片。他甚至真的拿一面鏡子，跟鏡中的自己對話。他一次次地告訴自己，過去那段日子只是一段插曲，他其實一直是個好人。然後他發現，臥底的「鮑比．寇佛」跟原本的「鮑伯．德萊尼」談了越多，他就覺得越輕鬆，過去的黑道日子就像一層舊皮，正在從身上蛻去。[58]「這跟在雪地裡開車一樣，」他說，「車子往哪邊漂，方向盤就往哪邊轉，實在很違反直覺。但只要多練幾次，就習慣成自然。」[59]

鮑伯心底一直知道，這種肯定自我的過程可以重新建立自尊。[60]他做了很多筆記，後來把這些自我對話加上臥底時期的經歷，寫成《秘密：我的臥底歲月》（*Covert: My Years Infiltrating the Mob*）。鮑伯說他「花了很多時間，尋找要怎麼讓過去是非顛倒的那段日子，和真實的世界重新和解。最後我發現……答案就在年輕時的籃球場上。」[61]

鮑伯一直是運動健將，大學時還參加全美籃球聯賽。他一直無法忘記每次踏上球場硬木板時的興奮之情，最後，他回頭開始打籃球，用這種方法找回自己。「籃球的規則跟界線都很清楚，讓我不必過度警戒。打球時還會釋放腦內啡。而我對籃球的熱情，最後讓我走上另一條人生。」

鮑伯甩掉了臥底時刻意吃胖的十五公斤，並且開始去當義務籃球裁判。他加入了籃球行政人員國際協會（International Association of Approved Basketball Officials）的一九四委員會，參與紐澤西州的高中籃球比賽。這項工作讓他終於與臥底時期的黑暗遺緒告別，重新找回生活的樂趣。某天晚上，澤西海岸夏季籃球職業聯賽（Jersey

Shore Summer Pro League）的主席，問他要不要報名當裁判。然後又過了一段時間，他引起ＮＢＡ高階裁判葛瑞森（Darrell Garretson）的注意，到了一九八〇年代中期，他已經「跳脫了黑道的陰影，成為體育館聚光燈下的裁判」。[62]

鮑伯找到了改變自己的方法。他從警察局提早退休，開始當ＮＢＡ裁判；而且去修了一個領導管理碩士。他開始帶著其他深受PTSD所苦的人面對自己的經歷。後來他結婚了，過得很幸福，還寫了兩本書。最後，他成為ＮＢＡ副總裁兼裁判主任。他獲得無數獎項，二〇二〇年甚至拿到全美大學體育協會（National Collegiate Athletic Association）的最高榮譽：老羅斯福獎（Theodore Roosevelt Award）。

如今，鮑伯是我的好友，是一個活力四射的七十歲老人，生活相當美滿。但他走了很長一段路才走出過去的陰霾，而那段路告訴我們，我們可以擺脫自欺與虛偽，走向自我一致，以「誠」為生。

在政治極化、社會充滿衝突、數位科技迅速發展的混沌亂世，我們每個人都應該把鮑伯當榜樣。無論我們處於人生的哪個階段，都可以開始改變對待自己與他人的方式。只要我們開始保持一致，不僅自己的生活品質會大幅提升，也不會繼續助長社會中的各種集體錯覺，有些時候甚至可以讓人光是看到我們的正直，就發現很多事情不是大家相傳的那個樣子。保持自我一致，是一項利人利己的決定，甚至是我們能為自己和他人做出的，最重要的事情。

Chapter 8 相信陌生人

讓我們彼此相連的，與其說是共同利益，不如說是彼此信任。

——H．L．孟肯（H.L.Mencken）

就在我人生跌到谷底的那一年左右，我開著那輛地板有洞的老雪佛蘭上下班，其中一個工作就是給那些臥病在床的人灌腸。這工作爛透了，但我覺得至少比貝果店好，畢竟灌腸的時薪高達七美元，貝果店只有四點二五美元。那一年，我妻子為了貼補家用，甚至去賣血。而且我們兩個每天早起，沿著同一條路線，把剛出爐的早報扔進各家的郵筒裡。我爸媽幫我付了夜間部的學費，但他們還有弟弟妹妹要養，我根本不能再期待什麼。

當時我這輩子沒過得這麼慘過。但我也很驕傲，因為我拒絕所有形式的施捨。但到了某一天，爸爸的一句話讓我轉變觀念，更能坦然接受政府的援助。「陶德，福利措施就是為了幫助你們家這樣的人。你不要把它當成某種資格，應該要當成某種投資。看看附近的鄰居，他們之所以繳稅，就是為了把辛苦賺來的錢，投資在你們這些陷入困境的人身上。接受援助一段時間之後，你們的生活就會改善。未來你就有義務拿更多錢去回饋社會。」[1]

這段人生智慧，讓我每個月拿食物券的時候感覺好多了。但買東西還是一樣如履薄冰。我跟妻子必須刻意深夜出門，以免商店裡的陌生人對我們指指點點。而且每次去收銀臺的時候我都膽戰心驚，因為我們必須把那些可以用納稅人給我們的食物券買的東西（嬰兒食品、配方奶粉、牛奶、起士、麥片、水果、蔬菜、蛋、花生醬等等，而且都只限特定品牌），跟必須自己掏錢的東西分成兩堆分開付帳。[2]

我永遠不會忘記某天晚上的場景，當時店裡擠滿了人，收銀機前大排長龍，很多顧客筋疲力盡，很不耐煩。而我的購物籃裡有一罐顆粒花生醬，因為剛學會走路的內森非常喜歡吃。我們拿出要用食物券購買的商品，收銀員快速掃過所有的貨，拿起花生醬盯了一眼，然後轉頭瞪我：「你用食物券買顆粒花生醬是想幹嘛！」她扯大嗓門，像是要喊給整個賣場聽。她的那句話在我的良心上撒鹽，而且讓所有人的眼光在一瞬間都聚了過來，我恨不得鑽進地洞裡。在大家的眼底，我成了忘恩負義的「米蟲」。[3]

從此之後，我們就不再去那間賣場，而且在另一家店遇到一位很特別的收銀員。在檢查我們用食物券購買的商品時，她竟然理解並對我們微微點頭。「辛苦了，」她靠過來低聲說，「我也在領食物券，我知道這不好受。」從此之後，我們就改去那間賣場，而且刻意挑她上班的時候去。

食物券不僅會引來奇怪的眼光，而且根據我自己的經驗，發放食物券的政府官員，似乎都不相信我能幫孩子選擇「正確」的食物。[4]當時我對此憤恨不平（好啦，其實現在也是），但我慢慢發現這種不信任似乎並非專門針對窮人，而是彌漫在整個政府之間。政府似乎打從心底相信，人民本質上就不可信任。而且不光是政府，這種不信任他人的態度，還深深根植在美國社會的許多其他規範跟體制之中。這種誤解所造成的傷害，無論對單一個人還是整個美國，都非常可怕。

但我們並非天生多疑。之所以會變成這樣，只是因為一生下來就遇到太多負面經驗，並從先人那裡繼承了一整套彼此不信任的社會體制。這些惡意的懷疑，讓我們徒增許多不必要的痛苦。因為沒有信任，我們就無法言行一致。如果文化繼續讓我們懷疑彼此，我們就只能繼續說一套做一套，永遠無法開始清除各種有害的集體錯覺。但我們要怎樣才能開始練習信任彼此？可能的方法之一，是先了解我們為何會彼此懷疑。

家長制的代價

我認為我們的彼此懷疑，說到底都是家長制（paternalism）害的。這個詞源自拉丁文的「父親」，意思是「為了幫助或保護他人，而侵犯他人的人身自由與自主決定」。[5]簡單來說，就是把別人當成自己的小孩來管，避免他們傷害自己。在當代，這個詞不僅意味著威權和強制，還帶有居高臨下的意思。

當然，家長制不是現代社會的專利，打從柏拉圖到康德，它都一直很受哲學家的歡迎，甚至還有人把它當成自然秩序的一部分，認為那些根據一己的意見維持社會運作、促進社會秩序的人，全都是宅心仁厚的獨裁者（benevolent dictator）。在這種觀念下，國王、宗教領袖、貴族、國家元首都是不可質疑的統治權威，而且大多都是男性，因為這些人「懂得比較多」，比較適合決定社會最重視的法律和道德長什麼樣子。[6]

打從清教徒登陸普利茅斯岩的那一刻起，家長制就成為美國歷史的一部分。雖然通常我們都是在討論性別歧視和宗教壓迫的時候提到家長制，但支持奴隸制、支持管控移民、支持迫害美洲原住民的人，也經常用這說法來辯護。[7]

一九一一年，管理學家泰勒（Frederick Winslow Taylor）的《科學管理原理》（*Principles of Scientific Management*）把美國的家長制推向新的高峰。這本書讓泰勒被譽為「白領管理之父」，二〇〇一年還被美國管理學會（Academy of Management）評為「至今最具影響力的管理學著作」。該書不但創造出工業化的家長制作風，還同時造出系統化的不信任。[8]泰勒提出「科學管理」的概念，認為管理企業應該根據科學與知識，而非根據傳統。當然，如果經理人充滿人性，這種做法可能有益；但泰勒之所以提倡科學管理，卻是源於完全錯誤的理由。他徹頭徹尾地菁英主義，利用自己的位高權重改變了人們對產業的看法，把他厭惡的勞工視為企業最大的弱點。

泰勒年輕的時候想上哈佛，卻因為視力下降而被迫作罷。他從名校菲利普艾斯特中學（Phillips Exeter Academy）畢業之後，因為上不了大學，只好去當學徒。他在費城的有錢爸媽認識一家鋼鐵公司的老闆，泰勒就進入這家鋼鐵公司，之後不斷晉升，不久之後又跳槽到另一家公司成為總工程師，[9]靠著強大的創新能力推動一系列重大改革，離職的時候該公司的生產力已是原本的兩倍。[10]

泰勒利用自己學到的知識實現了原本的抱負，同時也加深了對工廠的刻板印象。他提出的全新管理理論，把「受過教育」的企業家跟「愚蠢」的工廠工人直接當成兩種不同的人，支持企業家盡力搾取「最大生產力與最大利潤」。他認為管理效率之所以會低落，核心就出在「勞工跟雇主想要的東西本質上就不一樣」。[11]他在描述勞工的時候總是帶著輕蔑：「那些適合整天冶煉生鐵的人，最重要的特徵就是愚笨遲鈍，他們的腦袋比較像牛，而非像人……他們蠢到聽不懂『百分比』是什麼意思，所以必須讓更聰明的人來管理，讓他們習慣照章辦事，這樣才能成功。」[12]

泰勒認為工廠裡的工人就像畜生，只要沒有嚴格管控就毫無價值。所以他設計出一整套系統，讓工人盡量像機器一樣，根據「科學」的計算來準確執行每個動作。他讓經理設定傳送帶的移動速度，以生產力為唯一目標，精心計算每個環節的順序與時間，並不在乎生產線上的勞工是否舒服，動作能否持久。

卓別林（Charlie Chaplin）在一九三六年的《摩登時代》（*Modern Times*）諷刺了這種新的生產體系。主角小流浪漢是生產線上的勞工，總是因為動作太慢而被老闆訓斥。但傳送帶動得太快，他真的很難跟上。一隻蜜蜂飛到他的面前，經理伸出胖呼呼的手想幫他趕走，卻一掌打在他的額頭上。小流浪漢怎麼都跟不上動作，只好跳到傳送帶上，結果被捲進機器裡，變成了機器的一部分。他像瘋子一樣到處亂跑，用雙手拿著的扳手去擰同事跟經理的鼻子。他也不再理會社會規範，到處騷擾女性，不斷闖入別人的私人空間找螺絲帽來擰。他完全變成了機器，把世界搞得一團糟。[13]

自從泰勒的作品出版一百多年以來，世界各地的組織都接受了他的家長式管理，並視為理所當然。泰勒賺得口袋滿滿，企業高層和那些受過科學訓練的經理也因此日進斗金。從此之後「組織人」（organization man，溫順聽話的職員，亦即「社畜」）就這樣出現了，滿山滿谷的管理顧問、商學院，以及「為了精進管理實務」而創立的《哈佛商業評論》（*Harvard Business Review*）也紛紛誕生。[14]

在現在的商業社會中，泰勒的科學管理（Taylorism）甚至影響到其他部門。當代的美國只要是設有經理的組織機構，無論是學校、法院、監獄、企業、政府，幾乎都預設那些被管理的人不可信任，無法自己作出明智的決定。

這種由上而下的科學管理思維如今已經無所不在，我們就像水裡的魚，在這種思維中游泳，看不出它怪在哪裡。我們都知道，心中的信念會影響眼中的現實。在一百多年的時間之內，泰勒的「科學」方法已經深深影響了我們看待工作、生活、他人的方式，乍看之下就像萬有引力定律一樣不證自明、不可質疑。

喬治梅森大學（George Mason University）經濟學家亞力・塔巴羅（Alex

Tabarrok）發現，泰勒的科學管理造成了重大經濟損失，以及大規模的社會不信任。塔巴羅認為，相信家長制的人更容易貪腐；而且很容易陷入零和思維，認為蛋糕就只有這麼大，你拿越多我拿得就越少。所以這種人很容易貪婪、自私、進行那些別人無法參與的投資計畫；而且容易用有利於自己的方式重新分配財富，於是喪失一般民眾的信任，損害整體經濟。[15]該項目的哈佛大學研究人員還發現，這種塔巴羅所稱的「不信任陷阱」會自我強化，因為民眾越不信任，公僕跟企業主就可能用越高壓的方式對待民眾。[16]

這套源自科學管理思維的體制不信任我們，它們耳提面命久了，我們也開始認為自己並不值得信任。我們相信了這種家長制謊言，然後不信任偏誤越滾越大，既然連自己都不可信，別人當然也不可信。我們開始認為每個人都不在乎自己是否可信，從此拒絕相信他人，對每個人抱持懷疑，最後別人也因此不再相信我們。我們越是彼此提防，互動時就越多猜忌，於是家長制變成了自我實現的預言，每個人都不再可信。

這不僅讓我們互不信任，更加速了內在分裂。我們越是懷疑他人，就越容易保持沉默、直接沿襲既有的做法、越容易為了不被排斥而假意順從。這麼一來，同儕壓力和陰謀論就更為強大，忠於自我變得難如登天。我們的人際關係滿目瘡痍，心中充滿焦慮與壓力；同時更難把事情想清楚，做什麼都如履薄冰，很容易鑽牛角尖，變得暴躁易怒。[17]這些問題全都加在一起，整個社會就變成讓人彼此傷害的殺戮戰場。

把每個人都當賊

信任有很多種形式，但說到底，信任就是對其他人有信心，認為其他人會扮演好自己的角色，會履行自己的責任。信任也表示我們心照不宣，共同承認世界中的某些部分。信任就是無論你走在美國的哪裡，甚至不守交通規則穿越馬路，都可以相信我的車不會撞到你。信任就是你開車的時候，知道其他人會遵守規則，大家都能安全上路。信任就是你去餐廳吃飯的時候，知道其他客人不會偷吃你點的菜。信任就是我幫你家修電線的時候，知道修完你就會付錢給我。信任就是我知道只要好好上班，老闆就會給我一份體面的薪水。我們之所以能夠安全地活在世界上，整個社會之所以沒出亂子，都是因為每個人每天都給予彼此無以計數的信任。

信任就像第一次上高速公路一樣，注定會面對風險。當你加速到一百公里，你知道在你前面的每一輛車都可能突然煞車，讓你們全都撞得稀爛。但為了享受高速公路的速度與便利，你願意冒這個險，相信其他駕駛人都保持清醒。無論是在路上還是其他地方，當我們每次發現彼此信任，我們就再次確定彼此都在同一個世界中，彼此隱隱相連。我們對彼此有多信任、對體制有多信任，就代表我們的社會有多健康。[18]

泰勒的科學管理對美國社會結構造成的傷害，可以解釋為什麼自一九四〇年以來，每一代的美國人都比上一代更不信任彼此。[19]根據皮尤研究中心二〇二〇年的一項研究，一九九七年的時候，美國還有百分之六十四的人非常信任其他同胞；這個比例到了二〇二〇年下降了接近一半。二〇二〇年的受訪者，甚至大部分都表示無法信任第一次見到的其他美國人。[20]

這表示我們的社會出現了很嚴重的結構性問題，美國人的信任已經岌岌可危。二〇二〇年底，《紐約時報》專欄作家大衛．布魯克斯（David Brooks）在《大西洋》（*The Atlantic*）雜誌上指出：「我們對體制的信任已經低得夠慘了；現在人們甚至開始對彼此失去信心，再這樣下去社會就要分崩離析。」布魯克斯列出一連串悲哀的數字：二〇二〇年憂鬱症與自殺的臨床盛行率攀至史上高點。[21]二〇二〇年六月的蓋洛普民調（Gallup poll）指出，美國人的民族自尊降至二〇〇一年以來最低。（該調查於二〇〇一年開始進行）[22] NBC新聞和《華爾街日報》的另一項民調則說，百分之七十一的美國人對國家現況感到憤怒，百分之八十的人認為美國「已經失控」。[23]布魯克斯在列完之後表示，「二〇二〇年六月底，美國顯然已經陷入全面的正當性危機。人們越來越疏離，不再信任目前的秩序……不信任的惡性循環正在越演越烈。」[24]

我們的猜忌甚至已經開始破壞我們的民主。[25]美國很多人都因為擔心想像中的外敵，而投向極端主義和家長制威權主義的懷抱。無論左派右派，那些威權主義者跟手下的機器人帳號，都在用泰勒的科學管理方法，把我們的身分與意見操作得越來越淺薄，讓我們的誤解越來越深，意見越來越極端。

如果我們想要讓社會變得更健康、更安全、更公平，就必須重新建立彼此的信任。但要重新建立信任，就得先破除縈繞在每個人身上的集體錯覺。

不信任的錯覺

二〇一四年五月，加州弗雷斯諾市（Fresno）的喬．康乃爾（Joe Cornell）還在慈善團體救世軍的戒毒中心（Salvation Army）擺脫安非他命。他沒有工作，而且他跟他妻子都沒錢去付房租跟車貸。某一天，布林克保全公司（Brinks）的司機在運鈔的時候，不小心把一袋鈔票忘在人行道上，裡面有十二萬五千美元。康乃爾碰巧撿到，但他沒有把鈔票據為己有，而是還給了銀行。

後來他接受當地新聞訪問時表示，他看到那袋錢，第一個想到的是這會讓多少人丟掉工作。「這都是百姓跟公司的存款……要是丟了，我不知道多少人的生計會出問題，所以我決定還回去，」他說。「我希望孫子孫女覺得我是個怎樣的人？當然是個正直的人……正直的人就是會做正確的事。」

保全公司為了感謝他，給了他一張存有五千美元的提款卡。他的家人以他為榮。媒體則是大肆報導。[26]但這個故事的真正意義，不僅是社會上有一個正人君子而已。我們之所以可以彼此信任，就是基於康乃爾這類的決定。康乃爾知道，自己的一念之差會讓別人受到多大的傷害。

也許你會說康乃爾這種人鳳毛麟角；但仔細想想就知道，這種故事其實相當普遍。世上的每個人，每天都在做這樣的事情；而且只要想想你的日常起居，就知道我們通常都在做康乃爾這樣的事，而非反其道而行。但為什麼我們會這麼做？因為我們都像康乃爾一樣，會在意自己是個怎樣的人。

這麼說吧，你在街上撿到一個錢包，然後交給當地的警察、郵局或博物館。你覺得這個錢包最後能物歸原主，或者錢包裡的錢完全沒被動過的機率有多高？

二〇一九年的《科學》（*Science*）期刊登載過這樣的論文。世界各地的研究人員假裝在街上撿到錢包，把錢包交給當地的機構。每個錢包裡都有一張身分證明文件、一個電子郵件信箱、一張購物清單。有些錢包裡沒有錢，有些裝了大概十三美元，有些裝了一百美元。研究人員想知道，收到錢包的人會不會真的去通知失主。

結果呢？他們發現大部分國家的人都會聯絡失主。而且錢包裡的錢越多，收到的人聯絡得越認真。如果錢包裡裝了鑰匙，人們甚至會花最多心力希望物歸原主。鑰匙是一種弄丟的人會很緊張，其他人卻無法使用的東西。

後來，研究人員還去詢問美國、英國、波蘭的人，覺得哪種錢包物歸原主的比例最高？是空空如也、裝了十三美元，還是裝了一百美元？一般人和專業的經濟學家，都說空錢包最容易回到失主手裡，裝了一百美元的錢包最難。可惜現實完全不是這麼一回事。[27]

所以社會中顯然有一個集體錯覺。該論文的作者之一大衛．譚能堡（David Tannenbaum）表示，「這個自然觀察實驗，在錢包裡放了真錢，而且事後完全不加以監視，表示那些聯絡失主的人，確實把道德因素看得比錢包裡的物質利益更重要。在這種大型跨國研究中得到各地一致的結果，表示我們可能挖到了人類的某些通性。」研究人員最後表示，大多數人即使不覺得自己誠實、善良、無私，依然比較喜歡做出這樣的行為。也就是說，我們其實都是上面的康乃爾。[28]

附帶一提，無論別人可不可信，我們都知道自己是否可信；而且我們的自尊，也跟我們是否值得信賴有關。「個體機會中心」的研究人員調查了美國大眾認為人生要怎樣才算成功，發現在七十六種可能的屬性中，「值得信賴」排名第三（奇怪的是，人們卻同時相信其他人會把這個屬性排在第三十位。看來集體錯覺又出現了）。此外，百分之九十三的受訪者都認為自己值得信賴，也相信「自己可以作出明智的決定」。其中強烈相信「自己可以作出明智決定」的受訪者甚至高達百分之四十七，表示社會上真的很多人重視這項屬性。[29]

總之這些研究都暗示，社會上彌漫著一種有害的強大集體錯覺。泰勒的科學管理思維，以及各種對於人性的錯誤假設，讓我們以為大部分的人都不可信賴，而且無法作出明智決定；在此同時，絕大多數人卻都認為自己擁有這兩種美德。這兩項命題當然不可能同時為真，所以如果不是人們接受「個體機會中心」訪問時都在說謊，就表示人們誤解了大多數人。但「個體機會中心」的成功指標（Success Index）研究方法非常嚴謹，幾乎不可能被愚弄，所以真相只剩一個：整體來說，人類是值得信任的，但我們都中了集體錯覺，以為人類不可信。

好啦，我們知道問題的根源，就是我們都在集體錯覺中彼此猜疑。但這要怎麼解決？

我們相信的東西明明差不多

如果媒體的說法可信的話，如今的美國人已經在自相殘殺。乍看之下，自由派跟保守派的價值觀完全沒有交集。皮尤研究中心在二〇一九年的民調也說，共和黨與民主黨的支持者，都認為對方「思想封閉」、「智力低落」、「懶惰」、「不愛國」（不過共和黨人批評民主黨人的力道通常比較大）。此外，兩大黨的支持者都比二〇一六年更覺得另一個陣營比一般的美國人更不注重道德。[30]

但其實兩個陣營的相似之處，遠比我們想像的更高。這裡就來解釋一下。信任的道德基礎，來自一套共同的信念，也就是共同的顯著價值（salient value）。這套基本道德原則包括可信、真誠、正直等等，我們每個人都非常重視；而且在處理核心自我認同、目標、手段的時候，還會更加在意。

也許聽起來有點不可思議，但每種政治立場的人，內心相信的顯著價值其實都差不多。個體機會中心在二〇二一年進行了一項研究，發現無論從什麼角度來看，大部分的人對自身生活與整體國家的想望，幾乎都一樣。無論你的政治光譜為何，你最重視的東西都是個人權利、優質醫療保健、可問責的管理方式、安全的鄰里生活、公正的刑事司法體系以及平等；而且你都認為這些東西對美國的未來最重要。不僅如此，每個人對「公平」的理解都一樣；希望從工作、教育、醫療、刑事司法等機構中獲得的東西也相同。在最多人認同的前二十種價值觀中，每個人都認同其中的十五種，例如互相尊重、充滿活力的中產階級、現代化的基礎建設、人人機會平等。[31]

可惜加劇社會對立，對政客和媒體都有利。所以他們絕口不說上面這些共通性，反而不斷強調我們之間的差異，藉此讓我們忘記彼此之間多麼相似。以氣候問題為例，我們的研究顯示，美國人無論政治立場為何，都同意必須處理氣候變遷，而且都認為這是第三重要的事情，僅次於保障個人權利與維繫醫療保健體系。但奇怪的是，受訪者一邊認為這件事第三重要，一邊又認為它在其他美國人的心中，重要性會落到第三十三位。[32]輿論的風向已經嚴重偏離了我們真正的想法，錯誤的假設已經扭曲了我們對他人的理解。

我們必須知道彼此之間有多麼相似，因為共同的價值觀是信任的道德基礎。在太久太久以前，我們就忘記了怎麼信賴陌生人。我們習慣對陌生人有罪推定，預設所有人都是賊，直到他們證明自己值得信任。但這種推論錯得離譜，根本是「先有雞還是先有蛋」的老問題，因為如果我們一開始就不相信，陌生人到底要怎麼做才能證明自己多可信？

信任帶來信任

想像一下，你十五歲，站在高中的磁磚走廊裡，想著要不要蹺掉英文課去跟朋友一起抽菸。你當然知道蹺課不對，但最後還是蹺了。好啦，接下來的問題就是要如何應付你的家長。

而且如果騙不過家長怎麼辦？例如說，如果你爸剛好是全球最強的測謊專家？

伊芙．艾克曼（Eve Ekman）真的碰到了這個問題。她爸是保羅．艾克曼（Paul Ekman），二十世紀最有影響力的心理學家之一，發明了一套從身體線索理解當事人的情緒，藉此測謊的方法，如今已被學校、警察、美國國土安全部（Department of Homeland Security）採用。

伊芙年輕的時候放蕩不羈。她每次在週間晚上偷偷外出，或者在宵禁時間之後才回家，都得面對這位心理學家老爸。聽起來超級恐怖？其實沒有。

二十八歲那年，伊芙問她爸說，「之前我說謊，或者不守信用的時候，你都怎麼揭穿的啊？」

保羅．艾克曼說：「不揭穿啊。」

他說處理這種事的訣竅，就是在發現女兒做錯事的時候，不要指出她說謊，而是試圖讓女兒說出真相。保羅小時候最累的事情，就是想盡各種辦法騙過父母，結果養成了「心底的事完全不說出來」的壞習慣，後來非常懊悔。

保羅認為，家長信任孩子，甚至裝傻讓孩子騙，反而可以獲得孩子的信任。對每個孩子來說，「最重要的事情就是可以信任家長，就是知道無論家長是否認同你的做法，都願意提供幫助和支持。」要建立這種關係，並讓孩子成為一個值得信任的人，最好的方法就是一開始先信任他們。[33]

但信任究竟如何產生？我們要怎樣才能更信任別人？

創立神經經濟學（neuroeconomics）這門領域的科學家保羅．扎克（Paul J. Zak）花了很多年研究這個問題。他先從激素開始研究起，發現大鼠只要覺得自己可以安心靠近另一隻大鼠，催產素（oxytocin）濃度就會暴增。[34]催產素讓我們覺得彼此相連，所以扎克想知道，人類有沒有類似的機制？會不會因為催產素而變得更信任彼此？

他決定用「信任遊戲」（trust test）來測試這個假說。「信任遊戲」是一個常見的社會科學研究方法，研究人員給你一些錢，讓你用網路把錢送給另一個你不認識的受試者；而且你每送出一塊錢，另一位受試者就會收到三塊錢，但你無法預先知道對方會不會把錢分回來給你。所以照理來說，你越是信任陌生人，寄出的錢就會越多，因為你認為對方收到之後至少會把相同數量的錢寄回來。當然，碰到忘恩負義的人，錢就會被吞掉。所以越信任陌生人的人，就越有可能因此損失金錢。

扎克在受試者決定寄出多少錢之前，以及寄出金錢之後，分別測量一次催產素的濃度；並以受試者寄出的金錢，來代表他們信任陌生人的程度。之後，他繼續追蹤受試者的催產素濃度變化，觀察他們被信任的時候，以及決定把錢分回去的時候，催產素濃度各有多高。

研究結果很有趣。受試者拿到的錢越多，催產素濃度就越高，這沒什麼奇怪的，畢竟拿到錢誰會不開心。但催產素濃度的高低，竟然跟他們決定寄多少錢回去也有相關性。在後續研究中，研究人員在受試者鼻腔噴催產素，提高血中的激素濃度，結果發現被噴催產素的受試者，寄回去的金額是控制組的兩倍以上。[35]

這證實催產素不僅讓我們覺得彼此相連，也讓我們變得更信任他人、更值得他人信賴。不僅如此，其他研究還顯示焦慮會抑制分泌催產素，這可以解釋我們為什麼在壓力之下經常發脾氣，以及變得很反社會；同時也表示催產素跟信任之間可能更有關係。[36]

保羅．艾克曼跟女兒的故事告訴我們，有些東西比家長與孩子之間的關係更重要。最能預測一個人值不值得別人信任的指標，就是這個人是否覺得自己是個值得信任的人。信任會帶來信任，就像一個不斷擴大的迴圈，每當我們冒險信任他人，迴圈就更往外衍伸一點。沉默的螺旋讓每個人孤立無援，信任的迴圈把我們重新連結起來。

阮若打開心內的門

「信任遊戲」有很多版本，其中一些版本的實驗顯示，收到錢的人一旦知道寄件人把所有的錢都寄了過來，就更容易用同樣的做法，把自己的錢全部寄給下一個人。也就是說，我們一旦被陌生人信任過，就更有可能信任陌生人。研究還發現，願意信任他人的人，其他人也會覺得他更值得信任。[37]這告訴我們，只要我們之中任何一個人開始願意冒險當傻子，整個群體的做法就會開始改變，從原本的彼此懷疑逐漸轉為彼此信任。也就是說，如果我現在願意把錢包交給這段文字對面的你，就會啟動一種連鎖反應，讓信任在我們的社群中指數級成長，擴散到整個社會。

想像一下這個力量有多大。只要你願意多信任別人一點，整個社會的信任程度可能就會變成好幾倍。大衛．布魯克斯（David Brooks）認為這種「明知可能得不到回報，還願意相信別人的人，會讓整個社會徹底翻轉」。而且其實光是跨出第一步，就已經開啟了翻轉的大門。布魯克斯說，「當你覺得會被拋棄的時候，有人不顧一切地抱住你，信任可能就會突然萌發，然後在社會中快速擴散，在暴風雨中激起無數美麗的瞬間。」[38]

引爆改變的第一步相當簡單：給我們的家人朋友更多尊重與信任。當你開始信任身邊的人，你就更能夠用其他觀點去看其他人，而社會中的信任也會越來越多。畢竟我們通常都跟之前提到的康乃爾一樣，認為自己是個老實人，而且實際上很少騙人。[39]既然我們都是這樣，那麼我們對於別人的信仰和價值觀的了解，應該大半都是錯的。所以我們會開始思考，這些錯誤觀念到底哪裡來的。最後，我們就會開始為自己的想法負責。我們會知道每個人都在彼此模仿，我們怎麼對待別人，別人就會怎麼對待他遇到的每個人。

信任可以從語言開始。在「信任遊戲」的後續實驗中，有一個版本專門測試「夥伴」和「對手」的先入為主觀念，會不會影響遊戲中的互動。受試者可以連續好幾次選擇要不要相信其他玩家，但有些受試者看到的其他玩家被研究人員稱為「夥伴」，有些受試者看到的玩家則被稱為「對手」。結果發現，兩群受試者一開始對其他玩家的信任程度明明相同，但遇到「夥伴」的受試者跟其他玩家之間的信任程度，卻是遇到「對手」的受試者的兩倍多。這告訴我們，只要在遇到陌生人的時候先相信對方可能願意合作，彼此信任的可能性就會增到兩倍以上。[40]

沒錯，這時候你一定會想，「陶德你不要鬧了。我家巷口的那個鄰居一點都不值得信任。你要我把家裡的備份鑰匙交到這種人手上？如果我們看到誰就信任誰，我們早就被吃乾抹淨了！」

不是，我沒有說每個人都值得信任。社會上真的有很多小人，但這些人其實是例外，是因為我們有心理偏誤，才把他們當成常態。如果某個人做出奇怪的事情，我們當然可以不信任他。但我要請你做的是，在決定不信任他之前先想一想，「這個人真的不值得信任嗎？還是我在用心理偏誤解釋他的行為？」畢竟有些人真的動機不純，但大部分的人都比較像之前提到的康乃爾。

順帶一提，那些容易信任別人的人，其實反而更不容易被騙。加拿大的一項研究顯示，「高信任者」比「低信任者」更擅長識破謊言。因為「低信任者」其實只是不分青紅皂白地懷疑每個人，根本沒有從錯誤中學習的機會，反而是「高信任者」能夠從慘痛經驗中發現，那些真正可疑的言行有什麼共通性。[41]

但你還是可能會想，「如果對方一旦背叛我的信任，就會嚴重傷害我或其他人，我還要繼續信任下去嗎？」當然，這時候在找到對方真正值得信任的線索之前，還是先暫停吧。不過請記得，這種狀況相當罕見，絕大多數日常互動的風險都不高。當你在決定要不要撤回信任的時候，可以衡量一下「萬一對方真的背叛，代價我能承受嗎？」如果答案是肯定的，那就繼續信任下去吧。因為這時候付出信任，是一本萬利的好生意，就像是工地裡吊重物的滑輪組，可以讓你輕輕鬆鬆吊起幾十公斤的磚塊，只要承擔很少的風險，就能為自己與他人帶來巨大的利益。既然我們每天上下班都會把車開上繁忙的高速公路，願意信任路上的人，我們也可以更客觀地評估風險，發現大部分的時候都值得彼此信任。

好啦，如果這樣都還不夠，那我只能說，信任別人對身體好。研究顯示，信任讓我們更健康、更寬容、更有效率、整體上更快樂。[42]當你開始能夠信任別人，你就會覺得世界更美好。

世上不是只有泰勒式管理

一九五〇年代，年僅八歲的墨西哥人茂里修·林·米勒（Mauricio Lim Miller）和媽媽、妹妹一起來到美國。他那個聰明機靈的媽媽試圖用各種方式往上爬，但沒有一次成功。米勒對《東灣時報》（*East Bay Times*）表示，「我媽很有才華，但是個拉丁美洲人，而且只讀過小學三年級。整個社會經濟體制都不會認可她。」[43]

米勒長大之後，花了大半輩子在非營利組織幫人們找房子跟工作，讓他們能夠脫貧。但在做了二十多年之後，他發現有很多申請幫助的年輕人，竟然是他過去曾經幫助過的人的子女。米勒一直以為自己的組織能讓這些家庭進入中產階級，讓他們的小孩不需要面臨相同的困境。[44]但成效似乎不彰。所以是哪裡出了問題？

米勒知道，過去其他移民匯集的知識、金錢、資源，讓他們家成功脫貧。[45]所以他辭掉了原本組織的工作，建立了 UpTogether（原稱為家庭獨立計畫，Family Independence Initiative），建立一個社群為基礎的支持網絡，讓弱勢家庭能夠找出方法自立自強。超過二十年的美國貧窮研究資料顯示，增強弱勢者的自決能力、培育支持性社群，以及讓弱勢者獲得發揮強項所需的資源，都能讓人們翻轉社經弱勢。[46]所以 UpTogether 決定把弱勢者的形象，從接受捐款的「無助窮人」，轉變成充滿創意、為改善生活而勇敢奮鬥的戰士。藉此爭取社會的信任，讓人們投資這些弱勢家庭。[47]

UpTogether 用線上平臺，讓那些正在改善生活的家庭能夠每個月無條件地獲得現金資助。[48]同時也建立線上群組，讓會員彼此認識、分享經驗、互相合作、幫助彼此實現夢想。米勒表示，用這種方法「就不會有人來下指導棋，告訴這些家庭該怎麼做」。[49] UpTogether 盡量減少管理，支持人們脫離家長制的壓迫，自己找出方法向前邁進。德州奧斯丁市的該網絡會員，伊凡娜．奈里（Ivanna Neri）說得好：「人們真正要的不是施捨，而是幫忙。」[50]

另一個會員叫作譚雅．瓊斯（Tanya Jones），她在二〇一九年加入 UpTogether 之後，終於能夠提高銀行的信用評分，借到更多錢去做生意，最後還清了幾個月來一直想還的債。二〇二〇年三月，在全球剛開始陷入疫情與經濟危機的時候，譚雅甚至用 UpTogether 募到的基金支付了房子的頭期款。她說，成功申請房貸的感覺「就像夢一樣」。該年五月，她跟家人一起搬進了新居。[51]

二〇二〇年，UpTogether 在很短的時間內，就讓二十多萬個被疫情影響生計的個人和家庭，獲得總計大約一點三億美元的援助。[52]在 UpTogether 照顧到的地方，弱勢者向政府領取的福利補助金平均減少了百分之三十六，月收入增加了百分之二十三。UpTogether 的會員，每月營業收入增加了百分之七十七，退休儲蓄增為兩倍，孩子的學業成績也進步了。[53]參加該網絡的波士頓家庭，有百分之四十一在三年內跳脫貧窮線的標準，而且家人的健康更好、儲蓄增加、債務減少。[54]用其中一位會員艾芮兒（Arial）的說法，「我們每個小團體原本都在困境中各自力爭上游……但我們發現，團結起來就會更強大！」[55]

UpTogether 的成功還告訴我，現金不僅能協助人們脫貧，更能讓人得以發揮潛力。全球越來越多證據都指出，讓人們能夠有尊嚴地自主決定，會得到更好的結果。無條件給窮人現金，不僅能改善當下的生活，更能提高他們未來的收入潛力。而且當你這樣協助社會中每個需要幫助的家庭，人們就更能彼此合作、更能彼此信任。

加州的一項研究指出，當人們連續兩年，每個月無條件拿到五百美元之後，其中有百分之二十六還清了債務、找到全職工作、情緒明顯變得更健康。[56]在墨西哥鄉村進行的實驗也發現，發現金比發食物更能改善健康狀況，原因之一就是，現金讓當地人能夠去買自己需要的藥品和交通工具；而且發現金不僅效果較佳，管理成本還減少百分之二十。[57]加拿大也做過一項研究，找五十名無家者，給每個人五千七百美元，看看他們的生活在之後的一年半之內有何改變。結果發現，收到錢的人比其他申請社會救助的無家者，更快找到食物與居住處；而且花在菸、酒、毒品上的金額降低了百分之三十九。[58]

這些研究都表示，泰勒式管理的零和遊戲根本就沒有用。但這種家長式的作風依然深植於我們的體制之中。如果我們真的要擺脫不信任他人的心理偏誤，就必須拆掉心理偏誤背後的體制基礎。而改變的曙光，就發生在過去孕育出泰勒式管理的那個領域——商業界。

晨星（Morning Star Company）是美國最大的番茄加工業者，位於加州的農業重鎮。該公司的管理方式，與過去由上而下的階層結構截然相反，不仰賴大量的經理與監督者，而是讓員工「自我管理」，自己決定要在公司內部扮演什麼角色、完成什麼目標。每個「夥伴」都可以用公司的經費購買需要的東西，無需上級批准；對工作的分配方式和執行方式，都有發言權和選擇權；而且對公司有任何顧慮或建議，都可以自由提出。此外，他們也負責招募新人。而且公司鼓勵每個人根據不斷發展的技能與興趣，設定今年要達成什麼「企業目標」。[59]

這種由下而上的體制運作得非常順利。過去二十年來，該公司每年都保持兩位數的成長，五百五十名正職員工每年共創造八億美元以上的營收。[60]即便根據泰勒式管理的標準，這種數字依然非常輝煌。

所以秘訣到底是什麼？為什麼給員工自己決定，公司不但沒有陷入混亂，反而年年順利發大財？

答案很簡單：信任。該公司一開始的想法就與泰勒式管理背道而馳，它將公司的控制權交給勞工，這樣老闆跟經理就不用去煩組織跟財務問題；此外，它鼓勵員工自己找方法彼此合作，藉此盡可能發揮每個人的才能。該公司大約有三千件員工彼此之間的協議，形成一個各自負責、彼此信任的網絡，完全不需要經理來監督，也能正常運作。[61]

也許有人會說，這種系統對員工的決策能力太過樂觀，很容易出問題。但事實是，晨星承擔了這種風險之後，依然保有高額利潤。此外，晨星很容易吸引優秀的人才。畢竟在其他條件不變下，大部分的人都不會想去把員工當賊的泰勒式管理企業，而是會加入晨星。

商學院把晨星這種公司稱為「高度信任」企業，而商業界也有越來越多公司發現，信任真的像晨星相信的那麼重要。保羅．扎克等人研究指出，在整體信任程度最高的公司工作的人，的確更快樂、更投入、生產力更高。此外，在高信任度企業工作的人，更容易認為自己的目標跟雇主一致；對同事更忠誠、更親密；本身賺的錢也更多。而高信任度的企業，生產力、創新能力、利潤也都更高。[62]

未來的曙光

所以如果整個社會都開始更信任彼此，國家會長成怎樣？

挪威就是全球最信任鄰人的國家之一，以這種方式計算，北歐人信任他人的程度，是美國人的兩倍。北歐國家的社會支持（social support）、社群結構、政府政策，都讓人民有安全感，並且能夠彼此信任。所以這些國家比較不需要花精力，去處理法律與行政的繁文縟節，成本跟複雜度明顯降低，社會卻同樣穩固。[63]

如果你真的想知道高度信任的社會能夠帶來怎樣的變化，去看看挪威的監獄系統就好。挪威監獄想達成的目標，與其說是懲罰犯人，不如說是設法讓他們重新回歸社會，成為有貢獻的人。基本上，挪威的刑罰政策就是在說「你失去了活在外界的自由，但獲得了重新做人的機會。用這段時間來自我反省，汲取過去的教訓吧」。

挪威戒備最為森嚴的哈爾登監獄（Halden）大約關了二百五十名因販毒、傷害、性侵、謀殺而入獄的人。[64]這種監獄要是在美國，大概就長得像《刺激 1995》（*The Shawshank Redemption*）裡面的那種高牆圍住的天羅地網。但挪威這座占地三十公頃的監獄，卻像一個小村莊或者開放的大學校園。每個牢房都像是大學宿舍，有平面電視，還有隔間浴室。多功能休息室裡面，有現代化的廚房和舒適的椅子。監獄的牆上掛滿藝術品。陽光從開闊的大窗戶灑進室內，中庭和建築物周圍都種滿植栽。獄中有一間錄音室、一個健身房、一個運動場。[65]犯人住在一起生活工作，甚至跟獄警一起生活工作，一起練習汽車修護、程式設計這些能夠謀生的技能，準備重返社會。[66]

設計哈爾登監獄的資深建築師之一古敦．莫爾登（Gudrun Molden）說，「監獄的每個角落都是為了降低心理壓力、減少人際衝突、讓人更容易重新融入社會。」[67]事實顯示這種做法相當有效：美國受刑人出獄兩年之內的再犯率平均接近七成，哈爾登只有兩成。[68]

哈爾登的做法與美國的監獄體系完全相反。美國的監獄一直以來都是為了懲罰犯人，而非改造犯人，它剝奪犯人的獨立性與身分認同，很多時候還剝奪了尊嚴。而且把犯人關進監獄，原本應該是為了保護社會，但美國的監獄體系卻顯然帶著某種報復心態，以及尋找代罪羔羊的思維。它不斷把人關進監牢，最後讓美國每十萬人就有七百個囚犯，每年耗費納稅人一千八百億美元。[69]

當然，每個國家處理犯人的策略各自不同。但挪威的例子讓我們知道，美國也許可以轉向一條不同的道路。美國目前監獄系統所做的一切，都是為了規訓與懲戒。但挪威的例子證實，這種家長制的泰勒式管理思維，其實只是一種集體錯覺。

這當然不是說，我們可以在一夕之間重新建立社會信任。恢復信任需要很長的時間，但我們可以先了解，破裂的信任之所以無法彌合，我們之所以無法彼此信賴，其實都是家長制的思維害的。

只要我們注意到彼此相信的價值有很多共通之處，我們就更能彼此溝通，不會以為其他人都像媒體描述的那樣住在平行世界。這樣一來，我們每個人也就能對自己更誠實，在生活中更加自我一致，然後我們為彼此創造的價值，就會像指數那樣一日千里。當然，我們不太可能一舉改變整個體制，但我們可以從學習UpTogether、晨星公司、哈爾登監獄開始，這樣教育、司法、醫療、政府機構就會一個個接連改變。

不過只要沒有信任，這一切都是空談。我們每個人都有信任彼此的義務。信任一旦消失，社會結構就會分崩離析，我們也無法在生活中心口如一。有了信任，我們才能彼此寬容，才能接納各種不同的意見，才能鼓勵彼此自己作出選擇。當我們在寬容的環境下自己作出選擇，就能真正整合自己的內在與外在。而當我們都信任彼此，就能用社會規範保障彼此的利益，就能禁止任何人去壓迫別人的聲音，用權術剝奪別人的尊嚴。

只要我們都願意多承擔一點風險，多信任別人一點點，美國文化就能走出目前的亂局，我們就會對體制產生更多信心，然後體制也會更信任我們，開始走上正軌。每個人只要走出一小步，整個社會就能進入正向循環。

Chapter 9 活得真實坦蕩

世界的樣貌取決於我們怎麼看它。如果你能改變我們的視野，無論改變多麼微小，你都能夠改變世界。

——詹姆斯．鮑德溫（James Baldwin）

在一九七〇年代，在共產黨統治的捷克斯洛伐克，有一個水果商人。每天他開店的時候，都會在櫥窗掛上一塊標語，寫著「全世界的無產者，團結起來！」城市裡沒有人會去看這塊標語，因為每個商店、每座辦公室都掛著同樣的東西。這句話在共產國家根本就是陳腔濫調。水果商掛出這塊標語，只是顯示他活在專制國家，而且不會抵抗政府的壓迫。

那塊標語甚至不是水果商自己要掛上去的。在當時政府的威權統治下，所有不配合的人可能都會付出慘痛的代價。他的店可能被迫關門、供應商可能停止供貨、他的孩子可能無法上大學、他自己也可能因為特立獨行而被霸凌排擠。所以為了自己與家人的安全，他乖乖地在櫥窗上掛了這塊標語。水果商不相信這塊標語的說法，也不支持標語描述的願景，他以妥協的方式，延續了一個自己偷偷鄙視的體系。

水果商的故事，就是一九七八年著名文章〈無權力者的權力〉（*The Power of the Powerless*）的主題。作者是詩人、劇作家、異議人士、政治家哈維爾（Václav Havel）[1]，他日後成為捷克斯洛伐克的總統。

哈維爾發表文章時，捷克斯洛伐克還在共產官僚的控制之下，全國上下都是政府的間諜，人民說錯話做錯事就可能突然被抓。而且這個體系像是哈維爾說的那樣，並不在乎人民心中怎麼想，只在乎大家不要反抗。所以當時的人民都變成了這個水果商，為了保全身家而假意服從政府。這個系統讓所有人都成為謊言的同謀。

但哈維爾繼續寫道，某一天，這個水果商不想再偽裝下去了。他不再把標語掛上櫥窗、不再參加做樣子的投票、甚至開始在市民大會上發言。結果他竟然以驚人的速度獲得支持，因為其他市民的想法，其實一直都跟他一樣。水果商的改變，讓其他同樣厭倦謊言的裁縫師、麵包師、上班族，一個個起而效仿。他讓每個人都知道，他們不用再假意配合政府了。

哈維爾認為，「這是因為國王從一開始就沒穿衣服，真相一旦浮出，局勢就會天翻地覆。水果商的行動，讓整個世界看見簾幕背後的真相，讓大家知道我們可以活在真相之中。」魔術一旦被揭開就不值錢了，謊言也是一樣。「水果商的改變，打破了整個虛假的遊戲規則。他讓人們知道這只是一場遊戲……是我們支持了謊言，才會活在謊言之中。」[2]

發表這篇關鍵文章之後，捷克當局無視哈維爾的人氣，把他關了四年。但雖然他被困在牢獄之中，他所點燃的火花卻默默地在全國人民之中擴散，成為人們心中的英雄。

〈無權力者的權力〉發表十年之後，捷克斯洛伐克的局勢突然在一夕之間劇變。一九八九年十一月十七日，鎮暴警察在布拉格鎮壓了一場學生示威。之後不到一週，大規模的反政府抗爭，吸引接近一百萬人走上街頭。幾天之後，整個捷克斯洛伐克的人民發動全國大罷工。然後二十四小時之內，共產政府一槍未發地交出了政權。一個月後，聯邦議會一致通過推舉哈維爾為總統。哈維爾用談判的方式讓蘇聯軍隊完全撤出該國，然後在一九九〇年六月再次舉行睽違四十四年的民主選舉。[3]

這就是著名的非暴力「軟性」革命：天鵝絨革命（Velvet Revolution）。絕大多數革命都得歷經數年的血腥內戰，犧牲數十萬至數百萬人的性命；但天鵝絨革命卻在一夕之間以和平的方式推翻了舊有的政府。專家至今都還搞不清楚，革命究竟如何在極短的時間內，以這種方式成功。但不光專家搞不懂，就連哈維爾自己也沒有答案。當時的共產政府有能力鎮壓所有形式的示威，照理來說不可能會被一場學生運動嚇倒。而當時其他國家的政府，也幾乎都不認為這場運動會演變為大規模抗議和全國大罷工。

但我覺得大家都忽視了天鵝絨革命中最重要的因素。我認為捷克斯洛伐克的共產政權之所以會一夕垮臺，是因為它建立在某種集體錯覺之上；這種錯覺就像哈維爾說的一樣，一吹即破。當時的共產官僚用謊言來控制國家，所以無論人民是否支持「全世界的無產者，團結起來」，只要從哈維爾的提醒中，發現政府的權力是紙老虎，這個靠蘇聯撐腰的共產政權就完蛋了。哈維爾的文章，成功地讓人民擺脫了生活中的集體錯覺，讓國家走上不同的道路。

其實早在多年以前，哈維爾就已經開始改變大家的視野。他在一九六三年發表一部非常受歡迎的戲劇《花園宴會》（*The Garden Party*），用卡夫卡式的荒謬劇情諷刺當時的愚蠢政府。故事描述一位叫作雨果（Hugo）的中產階級男孩，在父母的安排下，去見位高權重的卡拉比斯先生（Mr. Kalabis）。他來到政府「清算部」舉辦的花園宴會，原本以為能夠見到這位大人物，不料卻碰見一個個只會複誦陳腐教條的官員。主角為了讓官員留下好印象，自己也開始模仿毫無意義的陳腔濫調。最後他成功了，當上了「中央就職清算委員會」的主委，但也完全忘記了自己是誰，回家時就連爸媽都不認得他。[4]

《花園宴會》推出之後爆紅，在當時捷克斯洛伐克的知名度就如同美國的《漢彌爾頓》（*Hamilton*）。哈維爾刻意讓劇中的官僚複述現實中常見的空洞教條；同時也虛構了一些荒謬白癡的臺詞，例如「就算是醜老太婆也不會一個人拿著大麻種子去閣樓」、「連蚊帳都搞不定的傢伙，就別想跟山羊跳舞啦」。[5]結果這些臺詞成了當時的文化迷因，就像《蒙提派森》（*Monty Python*）在英美兩國一樣，舉國上下朗朗上口。在此同時，整部戲劇更以當時的共產政府難以壓制的方式，抨擊了當時的政治體系。[6]

從此之後哈維爾聲名鵲起，成為人民心中最聰明的異議人士之一。他的作品巧妙地揭露專制政權的本質，又沒有留下能夠讓政府直接找碴的藉口。但看得懂這部喜劇在諷刺什麼，之後又在一九七八年讀到〈無權力者的權力〉的人，都知道背後隱藏的意義：共產官僚體系是白癡，服從這種體系的是蠢蛋。

天鵝絨革命的故事，比我們想像的更適合用來反省當下這個時代。它告訴我們，即使是一般的市井小民，也能戳破集體錯覺。

無權力者的教訓

哈維爾在〈無權力者的權力〉中指出，盲目地服從規範，就是成為規範的幫兇。這讓當時的捷克人突然發現，如果繼續服從政府的壓迫，就是在讓這套壓迫體制繼續讓自己痛苦。他們幾十年來一直被蘇聯的鐵騎輾壓，一直被蘇聯的槍桿子強迫，一直以為自己毫無權力。但後來他們發現，共黨的權力可能只是一種荒謬的幻術。之後的天鵝絨革命，證明了權力真的在人民這邊。[7]

當代的美國人也面對類似的處境。我們的社會到處都採用泰勒式管理，到處都是系統性的家長制思維，讓我們覺得一切都無法改變。但仔細想想就知道，我們都不自覺地加入了一個獎勵服從、懲罰異議的體制，主動放棄了自己的權力。我們都以為必須盲目從眾，才能獲得其他人認可。結果無論我們有沒有發現，都助長了這個糟糕透頂的集體錯覺之網，讓我們繼續受傷。而且捷克人還是被槍桿子逼的，我們卻在沒有炸彈、沒有刺刀的情況下自己投降。

無論是因為模仿別人、被捲入沉默螺旋、還是壓抑自己與他人的聲音，只要我們開始自我不一致，就會持續傷害我們的自尊、降低我們的幸福感、壓抑發揮自我的潛力。

同時，我們的盲從也會傷害群體，因為當我們閉口不言，我們就封印了整個群體進步成長的動力。當真相、信任、誠實以及新的觀點，在團體中只會被無視、被壓抑、被懲罰，甚至直接被否認，團體就不再進步；而且還會催生出集體錯覺，讓成員也無法進步。當我們屈服於集體錯覺，我們就會違背自己的利益，像殭屍一樣因循守舊，忘記了自己為什麼要留在群體之中。當我們開始盲從，我們就會為了防止被孤立排斥，而開始亂找藉口，把盲從對自己和群體的傷害都說成必要之惡。

所以我認為，盲從是能讓人沉迷的東西裡面，最自私的一種。

我們之前說過，明明我們相信的價值大都相同，集體錯覺卻認為我們以為彼此不共戴天。集體錯覺讓我們彼此恐懼、讓我們無法合作、阻礙了社會進步。所以社會現在陷入信任危機，所以我們走到哪裡都覺得無能為力。但〈無權力者的權力〉

告訴我們，力量一直都在我們手中。集體錯覺是一隻紙老虎，即使戳下去的時候得花一點點力氣，只要戳了，它就會破。

我們每個人都像《綠野仙蹤》（*The Wizard of Oz*）裡的桃樂絲，腳上都穿了一雙紅舞鞋。我們一直都擁有力量，只是自己可能沒有發現。哈維爾說得好，「真正的問題是，光明的未來是否真的那麼遙遠？說不定光明的未來一直都在那裡，一直在我們的心中，在我們的身邊。只是我們太過盲目軟弱，沒有把它挖出來。」[8]

解方就在自己身上

一九九〇年，越南政府向國際非政府組織「救助兒童會」（Save the Children）美國分部求助。當時越南有百分之六十三的兒童營養不良，就連一些家境不差的小孩也有一樣的問題。「救助兒童會」派出計畫負責人傑瑞・史特寧（Jerry Sternin）和法籍妻子莫妮奇（Monique）前往河內，看看能做些什麼。

史特寧夫婦的婚姻不但一直非常浪漫，而且彼此也是工作夥伴，可以算是某種「使命導向」的伴侶。但他們一抵達越南，就發現這次的使命簡直難如登天。

他們不僅不懂越南語，而且一個是美國人一個是法國人，分別是越戰的成因以及過去殖民越南的國家（當時美國甚至還在對越南實施貿易禁運），實在很難獲得當地人的信任。此外，過去家長式的國際「援助」模式，還給當地帶來了兩個老問題。過去的援助者都是「下了飛機，放完食物，然後走人」，這種方法確實可以立即緩解問題，但卻讓當地持續依賴援助，注定有一天會斷炊。傑瑞認為這種方法「真實卻無用」，他說「當你在的時候，事情都有改善；但你離開之後，一切就打回原形。」[9]

越南政府要求史特寧夫婦在六個月的時間內，找到一個更能永續維持的方法，改善兒童的營養狀況，如果時間到了還沒有成效，就得請他們離開。但全國性的全新試辦計畫，平均都需要一年，只給六個月根本強人所難。而且史特寧夫妻旗下沒有員工、沒有辦公室、沒有後勤補給、語言不通，也不是營養學的專家。但他們最後還是用傑瑞之前在「救助兒童會」處理孟加拉案件時學到的新方法，改變了越南的狀況。

史特寧夫妻沒有用家長制的方式要求越南人改變行為，沒有像專家一樣帶著既定的想法走進貧窮的村莊；而是用兩種還沒有完全納入主流的核心觀念來解決問題。觀念一：無論是什麼地方，解決問題的關鍵，一定掌握在當地某些人手上。觀念二；一旦找到了解決方案，就必須由當地人來分享資訊、促成改變，不能由專家來指指點點。

史特寧夫妻不覺得自己是什麼都懂的萬事通，反而認為自己只是提出問題的催化劑。他們處理問題時，會先去看看當地人是否知道一些他們不知道的事情。他們先跟越南婦女聯盟（Vietnamese Women's Union）合作，測量每個家庭的貧窮程度與孩子的體重，整理資料之後拿給當地的志工，讓他們回答一個問題：「所以非常窮的越南孩子，營養一定很差嗎？」

志工一看到資料，就知道答案是否定的。

史特寧夫妻繼續問，「所以這些營養不錯的窮孩子在哪裡？」

越南婦女聯盟幫忙找到了這些孩子。這些孩子家裡的資源，真的沒有比營養不良的孩子多；只是他們媽媽的做法，跟當地的習慣不太一樣。這些媽媽在種稻耕作的時候，會從田裡抓來小隻的蝦蟹，以及田邊的地瓜葉給孩子加菜，而當時的越南人認為地瓜葉是一種劣質的食物，通常都不吃。除此之外，當時大多數父母一天都只準備兩餐，但這些媽媽一天準備三至四餐。

小型蝦蟹跟地瓜葉當時都隨手可得，但跟文化習慣差太多，幾乎沒有人想到要拿來用。越南兒童攝取的熱量太少以及營養不良，是因為當時的飲食習慣錯誤。

大部分營養不良的孩子，家長都忙於工作，無暇仔細做飯，只能隨便餵餵。而且當時越南人主要吃米，稻米產量卻經常不足，如果沒有外援，每天就只能吃一兩次飯。

此外，他們相信蝦子對兒童身體不好，大部分的家庭都不給孩子吃蝦（跟十六世紀歐洲人相信番茄有毒的故事實在很像，對吧）。這些都是當時越南的社會規範，所以即便那些沒錢買米只好去抓蝦蟹的母親，有順利把孩子養好，也不敢公開自己的方法。

簡單來說，當時的越南陷入了一種集體錯覺，他們相信自己窮，所以只有想辦法搞到更多奶粉、食用油、高蛋白餅乾這類外國援助的加工食品，才能讓孩子吃飽。大部分人都沒有發現，某些鄰居的孩子長得很好，所以照理來說，這些鄰居很可能已經找到解方。史特寧夫妻揭開了帷幕背後的真相，這些最窮的孩子正是解決問題的「關鍵亮點」。[10]

但即便突破了集體錯覺，也還得面對下一個問題：該怎麼推廣這些正確的知識？

史特寧夫妻知道，傳遞訊息的管道跟訊息的內容一樣重要，而大部分的政府宣傳，例如大街小巷的擴音器廣播，大多沒有效果；挨家挨戶的說服通常也沒用。所以史特寧夫妻詢問當地居民，新知識通常要怎麼傳播才有效。經過很多次社區會議，他們決定讓「一般的平民百姓」自己把資訊傳給「同樣的平民百姓」，邀請那些把孩子健康養大的媽媽來分享自己的發現。

每個婦女聯盟的成員，都邀請八至十位孩子營養不良的媽媽，各自帶一些蝦蟹和地瓜葉來家裡作客，然後一起料理這些食材，做飯給每個人吃。不到幾週，那些受邀的媽媽就突破了心魔，開始用健康的食材來製作料理，然後等到她們的孩子都變得更為健康，這些正確的知識就不脛而走。

史特寧夫妻把這段故事整合成兩句話。第一句是「看比聽更重要，但實際動手做，比看更重要」，第二句是「用新觀念改變行為比較難。讓新做法改變思考習慣，反而比較簡單」。[11]

六個月的期限還沒滿，史特寧夫妻就向越南政府證明，只要照著那些貧窮媽媽的做法，孩子的體重就能回升。莫妮奇事後回憶，「你真該看看那些家長在解釋如何照顧孩子時，臉上的表情是多麼自信。」[12]越南政府最後允許史特寧夫妻留了下來，而在之後的兩年內，八成的營養不良兒童都恢復了健康。[13]越南政府成為史特寧夫妻的狂熱粉絲，它開設「生活智慧大學」，讓人們用眼睛、鼻子、耳朵、皮膚去了解這種新的飲食習慣，藉此恢復正常，從大學「畢業」之後再往外推廣給更多的人。

到了一九九〇年代末，已經有超過五百萬個家庭的孩子恢復健康，弟弟妹妹的飲食也變得更加營養。[14]

正向異常

史特寧夫妻這種放下身段，以詢問當地人來找出答案的獨特方法，在學術上稱為尋找「正向異常」（positive deviance，在常態劣勢下狀況好得不合常理的個案），[15]史特寧夫妻還說，他們經常用當地人的諺語來描述這個詞，例如孟加拉人會說「只能這樣嗎？」，莫三比克的摩夸部落（Mocua）說「遠處的棍子殺不死腳邊的蛇」，[16]許多地方的人則會說「大衛可以扳倒歌利亞」。[17]「正向異常」的原理就是尊重當地智慧，相信解決問題的關鍵就掌握在當地人手中，相信無論走到哪裡，創造力都是最有力的資產。

這種方法在各地屢試不爽。它改善了盧安達青少年的健康教育知識、幫助遏止了抗藥性葡萄球菌在美國擴散、防止了印尼的變裝性工作者感染愛滋病，甚至提高財星五百大企業的營收。[18]

而且研究發現，這種「正向異常」方法，特別適合破除那些根深柢固的集體錯覺。一個很有名的例子就是女性割禮，用剃刀切除女孩或青春期女性的陰蒂、包皮、陰唇。有些只切除一部分，有些切除全部，最極端的版本甚至會縮小或縫合陰道開口。[19]這種野蠻危險的社會規範已經延續了數百年，主要盛行於北非。當地人相信可以藉此讓女性保持「純潔」，讓她們對做愛不感興趣，守住貞操，成為更好的妻子。在這些地方，女性必須接受割禮才能真正被社會接受，獲得完整地位；沒有接受割禮的女人則會失去吸引力，還會被認為道德有問題，不僅會失去大好將來，甚至會敗壞全家的名聲。[20]

割禮不只讓女性經歷身體的痛苦和感染的風險，還會承受創傷後的壓力。許多母親和執行割禮的親戚，都會用點心之類的東西把女兒騙進房裡進行割禮，[21]這種做法破壞家人之間的信任，而且讓女性在割禮之後更容易變得焦慮、自卑、罹患精神疾病。[22]很多接受割禮的女性，私底下都不支持這種做法，只是不敢公然反抗。埃及一項研究顯示，許多家長明明反對割禮，但依然擔心如果不去割掉進入適婚年齡的女兒，女兒就沒有人要。所以他們跟魔鬼做了交易，以女兒的信任、健康甚至生命為代價，去保障女兒的未來。[23]而且當地幾乎沒有人敢討論這個問題，生怕一開口就會被烙上汙名。

二〇〇二年，想解決割禮問題的小組找了莫妮奇當顧問，問她該怎麼在埃及這種文化壓力很大的地方，用「正向異常」方法讓女性擺脫割禮。莫妮奇使用之前跟丈夫在越南的經驗，先從詢問當地人開始，以謙卑的態度詢問當地人對割禮的看法；同時找出當地的「正向異常」者，也就是沒有讓女兒接受割禮的家庭。

例如她會問：「沒有接受割禮的女性之後會怎麼樣？」、「那些沒有割過的女人，都很不賢慧嗎？」

當然，莫妮奇在越南尋找的是做出奇怪事情的人，在埃及卻要尋找沒有照章辦事的人，這顯然更難。但她把當地人分成一小群一小群詢問，讓人們放下社會中的無力感，重拾好奇心：

例如有個男導演聽完我的分享，不可置信地盯著我看：「所以妳沒有割過？」

「當然沒有。法國的女生都沒有割過。」

這男的瞠目結舌愣在當場，一陣子之後就找藉口離開了。

導演離開之後，之前默默認真聽著的女助理害羞地開口，「可是沒有割過的話，妳不會一天到晚想做愛嗎？」

「不會啊，很多時候做愛很煩。」

整個房間笑成一團。女人的智慧很多時候就是能走遍四海。[24]

莫妮奇用這種互相了解的方法，慢慢跟當地的志工建立信任，最後終於找到一些人願意談論割禮造成的傷害。這些人一開始還是不敢當面聊，只敢寄出錄影帶，但他們的聲望都很好，其中一個已經當上奶奶，另一個是醫生，另一個男人則已經養了四個女兒。最後這位爸爸幫兩位大女兒做過割禮，但第二個女兒幾乎失血而死，於是決定不讓剩下兩個女兒遭受這種痛苦。他在一次團體訪談中站起來說：「看看我的例子吧！你們都知道，我的四個女兒都很善良，都很賢慧。但只有兩個受過割禮，另外兩個沒有。她們之間唯一的差別，就是前兩個被我害得遍體鱗傷，後兩個被我救了下來。」[25]

這種團體訪談，讓參與的「正向異常」者知道自己並不孤單，開始跟家人朋友討論這個敏感話題，然後在力所能及的範圍內慢慢改變社會規範。接下來，全新的做法就一傳十、十傳百，割禮的烏雲開始散開。

莫妮奇踏足埃及五年之後，埃及政府結合「正向異常」與其他方法，推出了擺脫女性割禮的計畫。二〇〇七年，該計畫已觸及四十個地方的一六九三戶家庭。越多人看到「跟自己一樣」的人不做割禮也不會怎樣，就越多人拒絕這種陋習。[26]此外，女性教育程度的提高似乎也有助於扭轉局勢：一項研究指出，近數十年來，女性割禮的比例在埃及社會中各個階層都逐漸減少。[27]

當我們看到那些棘手的問題有多複雜，很容易以為解決方法也同樣複雜。史特寧夫妻的故事，卻顯示事實可能未必如此。據我目前所知，「正向異常」是解決複雜社會問題最有效的方法。它告訴我們，改變的契機一直都在我們的手中，我們每個人都應該伸出手打破集體錯覺。就像聖雄甘地可能說過的一樣，我們希望世界變成怎樣，我們就該怎麼去做。

重拾我們的力量

「重拾我們的力量」不是一句空洞的口號，而是一種必須發自內心的真實改變。我們想過得更好，就得每天練習保持自我一致、練習相信他人、練習撥開集體錯覺的烏雲，讓陽光照進心底。

哈維爾說，我們必須在「不為人知」的個人生活中保持自我一致，這樣才能「真正為自己負責」。但我們太少做這樣的練習，所以必須逐步讓身心養成習慣。

共產官僚數十年的壓迫與言論管制，讓哈維爾的同胞也忘了該怎麼保持自我一致，把投降視為理所當然。批評者認為，哈維爾鼓吹的那種有話直說，根本天真得不切實際；但這些人都忘記了，一個靠撒謊來維持的體系，只要照到真相的光芒就會燒滅殆盡。[28]當然，除了知道真相，我們還需要練習，像是鮑伯·德萊尼那樣練習，每天根據真相決定怎麼過活，遵循靈魂與良知的指引，不要被那些外在的集體錯覺所蒙蔽。

而且如果你認同這本書的說法，就不能只是私底下實行。我們之前說過，很多時候，沉默會帶來危險。真正為自己負責的人，必須願意成為別人的榜樣。我們目光沒有那麼遠大，未必能夠成為哈維爾、史特寧夫妻那種先行者；但我們都可以是越南村莊的母親，可以是捷克斯洛伐克的水果商，可以是拒絕傷害自己女兒的埃及家長。如果那些越南媽媽沒有為自己的特立獨行感到羞恥，覺得自己應該把寶貴的知識分享出去，政府就根本不需要去找史特寧夫妻。如果那些拒絕割禮的埃及家長，曾經公開表示女兒沒有割禮也擁有美好婚姻，莫妮奇就不用費心把大家聚在一起說真話。誠實開放的討論是我們每個人的責任，尤其當我們覺得某些規範綁手綁腳，我們就更應該說出來。這樣的討論永遠不會太早，也永遠不會太晚，只要我們敢踏出第一步。

當然，開放討論不是把所有想法都貼上社群媒體，讓那些面目不明，甚至一開始就不存在的人曲解你的原意。開放討論，也不是叫你不顧後果地跑去讓別人嘲笑，甚至遭受攻擊。開放討論與保持一致，是要你在跟每一個有血有肉的親朋好友相處的時候，都盡量心口如一。是要讓行為符合外界的真相，以及你的內心。

這聽起來也許很難，但想想看，史特寧夫妻解決越南兒童營養不良的過程是多麼簡單。你只要把一項顛撲不破的真相，放在社會聯繫的網路上，真相就會在人們的互動之中傳遍大街小巷。在那之前，你還可以先練習本書提到的技巧。只要良心開始不安，就不要保持沉默，即使問題很敏感，你也可以先問一句「為什麼？」或「所以會怎樣？」。此外，勇敢地擁抱自己的與眾不同。經常檢查自己的假設，如果不夠穩固，就大膽修正。最後，只要沒看到可疑的跡象，就請安心信任陌生人。

只要你能在集體錯覺的烏雲中開闢第一道陽光，其他親朋好友、鄰居同事就能伸手進去，把烏雲撕成碎片。那個榆樹谷的牧師決定和其他人公開打牌之後，整個鎮的文化從此改變。安徒生童話裡的小男孩說出真相之後，大家都承認國王沒穿衣服。捷克水果商開始走上市民大會的那一刻，整個共產政權開始動搖，支持他的人遠比他想像的多，因為所有人的想法其實都跟他一樣。

哈維爾寫道，「光是換一個更好的制度，未必能帶來更好的生活。反倒是每個人都用更好的方式生活，整個制度就會變得更好。」[29]我們每天所作出的微小選擇，都可能決定世界未來的面貌。只要你拒絕活在謊言之中，你就能成為不同的人、就能解放原有的潛力、就能開拓社會的未來。盡力保持自我一致，是我們能為自己和他人作出的，最重要的事情之一。

世上沒有什麼問題，是我們團結起來也不能解決的。社會的解藥一直都在我們的口袋裡，只是我們沒有看見。我們從來沒有那麼分裂，我們相信的價值都很像，從未不共戴天。我們全都值得信賴，都想用最好的方式對待彼此。只要我們知道力量就在自己手中、願意自我一致、公開支持自己的信念，我們就能驅散集體錯覺的迷霧，迎向更美好的社會。

每個人心底都渴望著人類應有的尊嚴、渴望成為正人君子、渴望跳脫世俗的困境，得以有話直說。但除此之外，每個人也都或多或少能夠忍受活在謊言之中；都或多或少被人性所束縛，為世俗瑣事庸庸碌碌。每個人都或多或少想要融入面目模糊的群眾之中，在虛假的生活裡安適地隨波逐流。

——瓦茨拉夫·哈維爾

致謝

我很榮幸地說，《集體錯覺》真的是一本同心協力共同創作的成果。我的好友 Bronwyn Fryer 跟我一起工作，編寫了本書的故事架構，她從頭到尾都在幫我，讓我把想法寫成書、敘說故事、進行研究、撰寫書稿、編輯稿件。如果沒有她的熱情、決心、重要貢獻，這本書絕對無法問世。能夠跟這麼溫柔的強者合作，絕對是一種幸福。

我也要感謝 Hachette 出版社的編輯 Lauren Marino，她從一開始就看中這本書，幫我盡量爭取讀者。而 Fred Francis、Jennifer Kelland、Mollie Weisenfeld 對這本書也協力甚大。

我要特別感謝才華洋溢的經紀人兼朋友 Keith Urbahn，鼓勵我把腦中的粗糙點子寫成一個可以上市的產品，而且在過程中多方協助。我還要感謝 Javelin 的傑出團隊 Frank Schembari、Robin Sproul、Matt Latimer、Matt Carlini。

本書的資料，受益於「個體機會中心」許多同事的獨特洞見和努力，包括 Walter Haas、Debbie Newhouse、Dewey Rosetti、Parisa Rouhani、Bill Rosetti、Mimi Gurbst、Kelly Royal、Brian Daly、Teresa Kalinowsky、Tanya Gonzalez。能加入這麼棒的團隊，是我的榮幸。

特別感謝 Emily Donaldson 為這本書所做的研究、撰寫、編輯、事實查核；感謝 Gradient 那群厲害的資料科學家 Tom Vladeck、Kyle Block、Brendon Ellis、and Stefan Musch 幫我們改進集體錯覺的研究方法；感謝我的好友 Bob Delaney；感謝總是不知不覺給予洞見的 Joann McPike。

我對集體錯覺的想法受到許多學者的啟發，最重要的包括 Yanming An、Abhijit Banerjee、Regina Bateson、Gregory Berns、Cristina Bicchieri、Sushil Bikh-chandani、Roy Baumeister、Marilynn Brewer、Daniel Campbell- Meiklejohn、Tanya Chartrand、Nicholas Christakis、John Darley、Robin Dunbar、Thomas Gilovich、

Marco Iacoboni、Vasily Klucharev、Timur Kuran、Bibb Latane、Cathy McFarland、Andy Meltzoff、Dale Miller、Elisabeth Noelle-Neumann、Erik Nook、Deborah Prentice、Sonia Roccas、Monique Sternin、Cass Sunstein、Alex Tabarrok、Kipling Williams 還有 Paul Zak。

感謝 Kaylin、Austin、Nathan 對我的耐心以及對這本書的貢獻，有了你們的支持我才能走下去。感謝爸媽 Larry Rose 和 Lyda Rose 給我優秀的榜樣，我的感激無法言表。感謝我的教子 Audrey、Emily、Natalie，妳們給我們所有人帶來歡樂與幸福。

資料來源、索引

本書原文文獻、資料來源請參照網站。

網址：https://www.crown.com.tw/576017remark.pdf

國家圖書館出版品預行編目資料

集體錯覺：為什麼我們寧可欺騙自己，也不敢跟別人不一樣？/陶德．羅斯(Todd Rose)著；劉維人譯--初版.--臺北市：平安文化, 2023.01
面；公分. --(平安叢書；第749種)(我思；17)
譯自：Collective Illusions：Conformity, Complicity, and the Science of WHY WE MAKE BAD DECISIONS.
ISBN 978-626-7181-41-6(平裝)

1.CST: 社會心理學 2.CST: 群眾行為 3.CST: 人際傳播

541.7 111020522

平安叢書第0749種
我思17

集體錯覺

為什麼我們寧可欺騙自己，也不敢跟別人不一樣？

Collective Illusions：
Conformity, Complicity, and the Science of WHY WE MAKE BAD DECISIONS.

作　　者—陶德．羅斯
譯　　者—劉維人
發 行 人—平　雲
出版發行—平安文化有限公司
台北市敦化北路120巷50號
電話◎02-27168888
郵撥帳號◎18420815號
皇冠出版社(香港)有限公司
香港銅鑼灣道180號百樂商業中心
19樓1903室
電話◎2529-1778　傳真◎2527-0904
總 編 輯—許婷婷
執行主編—平　靜
責任編輯—黃馨毅
行銷企劃—蕭采芹
美術設計—兒日設計、李偉涵
著作完成日期—2021年
初版一刷日期—2023年01月

法律顧問—王惠光律師

讀者服務傳真專線◎02-27150507
電腦編號◎576017
ISBN◎978-626-7181-41-6
Printed in Taiwan
本書定價◎新台幣420元/港幣140元